10代の脳とうまくつきあう

非認知能力の大事な役割

森口佑介 Moriguchi Yusuke

★――ちくまプリマー新書

433

はじめに

「ねえ、おばあちゃん。意志の力って、後から強くできるものなの？　生まれつききまっているんじゃないの？」

「ありがたいことに、生まれつき意志の力が弱くても、少しずつ強くなれますよ。（中略）そしてだんだん疑いの心や、怠け心、あきらめ、投げやりな気持ちが出てきます。それに打ち勝って、ただ黙々と続けるのです。そして、もう永久に何も変わらないんじゃないかと思われるころ、ようやく、以前の自分とは違う自分を発見するような出来事が起こるでしょう」

梨木香歩《なしきかほ》さんの『西の魔女が死んだ』（新潮社）という本に書かれている一節です。中学生の主人公から特別な力を身につけるためにどうしたらいいかを問われた祖母は、主人公に対して意志の力を身につけるように説きます。そして、その力は、生まれつき決まっているものではなく、少しずつ強くできるというのです。ただ、それは容易なことではありません。

この一節に、本書で伝えたいことが凝縮されています。ポイントは、意志の力と、その力が変化しうるということです。

幸せな人生を送るために

本書は、10代の方々、また、その家族や教育関係者に向けて書かれたものです。特に、当事者である10代の皆さんに手に取ってほしいと思っています。

10代は、心理学では青年期と呼ばれる時期です。あどけなさを残す小学校低・中学年と異なり、青年期には身体も、心も、大きな変化を遂げ、大人らしい体つきや考え方になっていきます。この時期は、人間の一生を考える上で、非常に重要な時期です。この時期に何をするのか、どのようなことに熱心に取り組むかによって、その後の人生の方向性が影響を受けるためです。

人生の目標が何であるのかは人それぞれですが、誰しも、幸せな人生を送るということは大きな目標の一つになるでしょう。10代の皆さん本人はもちろんのこと、その家族も、教育関係者も、幸せな人生を送ってほしいと思っているはずです。この本を書いている筆者も、皆さんに幸せな人生を送ってほしいと思っています。

ここでの幸せとはなんのことを指すでしょうか。心理学では、いくつかの側面が、その人の人生の幸福度に関与することを示しています。大人を対象にした様々な調査から指摘されているのは、「良い人間関係を築けているか」ということです。家族と良い関係を築けているか、良い友人がいるか、地域社会とうまく関係を築けているか、などのことを指します。

これ以外にも、仕事面、経済面、健康面などがその人の幸せに関与していることも示されています。仕事は生活の大きな時間を占めますが、その仕事を楽しめているのか、やりがいを感じているのかということが幸福度に直結するのは理解できることです。また、お金持ちであれば幸せというわけではないですが、ある程度の経済的な余裕は幸せな人生を送るためには必要なことも納得いくでしょう。また、どれだけ経済的に恵まれていても、心身が不健康であれば、幸福感は得られにくいかもしれません。

では、このような幸福な人生を送るために、10代の間に必要なものとはどのようなものでしょうか。

まず思い浮かぶのが、頭の良さかもしれません。10代では、とかく勉強が生活の重要な位置を占めてきます。学校に行けば朝から晩まで授業ばかり。友達との話題の中にも、テストの点はどうだったか、受験をどうするのか、そういった話題が入ってきます。勉強が得意な人、学力が高い人は「頭がいい」人と呼ばれます。

確かに、学力が高い人は、難関といわれる高校や大学に入ったり、大企業に就職したり、医師や弁護士などの専門職に就いたりする可能性は低くないでしょう。職業選択の幅が広がることになりますし、その結果として、経済的に恵まれることで、幸福度に関与するいくつかの要件を満たすように思えます。

しかし、実際の社会では、学力が高いからといって、仕事ができるとは限りません。難関大学を卒業した経歴を持っている人が、仕事ではちょっとしたトラブルでめげて放り出してしまうなど、職場では活躍しないという話はざらにあります。また、学力が高い人が必ずしも良い人間関係を築けるわけではないですし、必ずしも健康というわけでもないでしょう。

つまり、幸福な人生を送るために大事なのは、頭が良いかどうかだけではないということです。皆さんの周りを見渡しても、勉強は得意ではなくても、部活に一途に取り組んでいる人には意志の強さや目標に向かって努力できる力を感じるでしょう。友達のいつもと違う様子に気づいたり、誰に対しても親切な振る舞いができたりする人を尊敬することもあるかもしれません。

そういう人たちは、勉強以外の分野で、たとえば、スポーツや音楽などの世界、職場、事業の立ち上げ、親族や家族の集まりといったところで活躍することもあるでしょう。そして、こういう人たちは、「頭がいい人」たちよりも周りに人気があったりします。

非認知能力は変化させられる

第1章で詳しく説明しますが、意志の力や親切心は非認知能力と呼ばれます。非認知能力とは、勉強ができるという意味での頭の良さや賢さと対比して使われる言葉で、国内でもここ10年ほどで教育・保育関係者や行政、ビジネスなどで使われるようになってきました。

非認知能力は大人になったときの幸福度と関連しますが、10代にとっても大切なものです。こちらも第1章で説明するように、10代という時期は、自分とは何か考えたり、友達や恋人のことが気になったり、誘惑に負けやすかったりする時期です。こういう10代で直面する問題に対処するためにも非認知能力は役立ちます。つまり、非認知能力は、10代という現在にも、大人になってからという将来にも、大事な役割を果たすのです。

そうなると、非認知能力を向上させたくなりますよね。冒頭の『西の魔女が死んだ』でも触れられている通り、非認知能力は生まれつき決まっているのではなく、変化させることができると考えられています。変化させるのは簡単なことではありませんが、不可能なことでもありません。

本書では、非認知能力のうち、比較的研究結果が集まっている5つの力について述べていきます。この中には、読者の方が得意なこともあれば、苦手なこともあるでしょう。この本を通じて、自分がどういうことが得意で、どういうことが苦手であるか、考えるきっかけになると筆者としてはうれしいです。自分を変える必要があるのかどうかは、その延長線上にある話です。

10代の疑問に向き合う

筆者は、これまで、本書の内容にかかわるような本を数冊書き、また、子どもを持つ保護者・家族や教育関係者に向けた講演等を行ってきました。しかし、それらは、家族や教育関係者を通じて間接的に子どもたちや10代の皆さんに伝えているにすぎません。当事者である10代の方々に直接伝えたいという思いで、この本を書いています。

とはいえ、筆者が伝えたいことをひたすら力説したところで、独り相撲になってしまっては意味がありません。そこで、本書は、10代の方を対象に行ったアンケートの回答を基に、10代が持つ疑問に答えるという形で進めていきたいと思います。

そもそも、非認知能力などという言葉になじみがある10代の方は多くないでしょう。そのため第1章で、「非認知能力とは何か」という疑問に答えたいと思います。非認知能力は非常に注目を集めている言葉なのですが、一方で、注意すべき点もあります。そのあたりの事情も説明したいと思います。

第2章以降は具体的な能力を見ていきます。まず、意志の力と関連する、実行機能（第2章）と粘り強さ（第3章）について触れていきます。この2つの能力は、その重要性が様々に示されています。

次に、自分に向き合う力について説明していきます（第4章）。自分に向き合う力にはいくつかあるのですが、その中で自己効力感を取り上げます。

また、他人とつきあう力についても取り上げたいと思います。特に、良い人間関係を築くために必要な感情知性（第5章）と向社会的行動（第6章）について考えていきましょう。第7章は、全体を整理し、今一度皆さんに伝えたいことをまとめたいと思います。

本書は、まず第1章を読んでいただき、非認知能力について大雑把な理解をしてください。その後は、どの章から読んでもらっても構いません。自分と関連すると思える章を見つけて、そこから読み進めていただければと思います。

目次 ＊ Contents

第1章　非認知能力とは

10代の体と心の特徴は？

それでは、本題に入っていきましょう。第1章では、そもそも非認知能力とは何かということ、総論的な話をします。ですがその前に、本書は10代の皆さん、その家族や教育関係者に向けて書いているので、10代というのがどういう時期であるのかについて簡単に説明しましょう。つまり、以下のような質問に答えてみたいと思います。

Q　10代って一生の中でどういう時期ですか？

このような質問に対しては、様々な答え方がありますが、筆者の専門である発達心理学の視点から答えてみたいと思います。つまり、10代でみられる心と脳の変化はどのようなものであるか、という視点です。

皆さん自身経験していると思いますが、10代では、身体と心に大きな変化が起こります。この時期に急増する性ホルモンの影響を受けて、目に見えて身体的な変化が起こります。

さらに、21世紀になって脳の研究が進むと、身体的な変化に加えて、この時期には脳や心にも大きな変化があることが明らかになってきました。皆さんも、小学校のときにはあまり目立たなかった同級生が、中学校に入ったとたん急に性格が変わった、という経験がないでしょうか。もしくは、皆さん自身が、小学生のころと比べると、良くも悪くも変わってしまったなと思うことがあるかもしれません。

従来から指摘されてきたのは、10代は、アイデンティティの形成の時期という点です。アイデンティティとは、突き詰めれば、自分とは何かということです。10代はこの問題に向き合い、友達とは違う自分らしさを追い求め、自分を形成していく時期です。

これ以外に、最近の研究から、10代の特徴が2つ指摘されています。1つは、衝動的になりやすいという点です。特に、何かを欲しい、誰かに認められたい、という気持ちが非常に強くなり、その結果としてリスクのある行動を好んだり、誘惑に負けやすかったりするということが挙げられます。

たとえば、皆さんには何か欲しいものがあるでしょう。それはお金かもしれませんし、洋服かもしれませんし、もしくは、Ｔｗｉｔｔｅｒでの「いいね」のような、友達からの賞賛かもしれません。10代では、このような自分にとって価値があるものを欲しいと思う気持ちが強くなりすぎてしまいます。その結果として、ときには盗みのような犯罪につながることもありますし、本来の自分以上に見せるために無理をしたり、嘘《うそ》をついたりすることもあるでしょう。

それ以外にも、不安になったり、自分に過剰に自信をもったり、逆に自信がなくなったりするなど、感情的に不安定になりやすいという特徴もあります。これらは、感情とかかわる脳の領域が10代で急速に発達することと関連すると考えられています。

最近の研究からわかってきた10代のもう1つの特徴は、友達に対して強く反応しやすいということです。特に、友達や気になる相手（好きな人など）の表情や動きなどのシグナルに対して、過剰に反応してしまいます。

人間は、生まれて数年程度で、他者の表情や動きをある程度理解できるようになるのですが、10代では社会脳領域といわれる、このような他者の出すシグナルに対して反応する脳領域が著しく成長します（第5章参照）。その結果として、友達や気になる相手の出すシグナルに対して反応しやすくなるのです。たとえば、友達のちょっとした表情や仕草が気になって、自分は仲間外れなのではないかと心配したりすることがあると思います。

まとめると、10代の心の変化として、自分について考える、衝動的になりやすい、他者のシグナルに強く反応する、という3点が挙げられます。どれか1つくらいは皆さんにもあてはまるものがあるのではないでしょうか。

実際には、これらには大きな個人差があり、衝動的になりやすい人もいれば、そうではない人もいます。他者のシグナルに反応しやすい人もいれば、そうではない人もいます。そういう程度の差はありますが、10代という時期は、おおむねこのような傾向があります。

本書ではこれらの3つの特徴に対応するための非認知能力を紹介していきます。

Q　非認知能力ってあまり聞いたことがないですけど、どういう能力ですか？

このような質問は何度もいただきます。研究者や保育・教育関係者には浸透しつつある非認知能力という言葉ですが、10代の皆さんやその家族にはまだまだなじみがない言葉かもしれません。そこで、以下では、非認知能力がどのようなものかについて説明していきます。

認知能力との違い

読んで字のごとく、非認知能力という言葉は、認知能力という言葉に「非」を付けたものです。「非」は、それに当たらない、もしくは、それ以外であるという意味なので、認知能力以外のものが非認知能力ということになります。そのため、まずは認知能力について説明していく必要があるでしょう。

経済学や教育学、また、教育現場などにおいて認知能力は、「はじめに」でもふれたような頭の良さ、つまり、知能のことを指します。

一番わかりやすい例は、知能指数（ＩＱ）です。皆さんも、一度は知能検査を受けたことがあると思いますし、テレビやＹｏｕＴｕｂｅなどのメディアで、ＩＱが高い芸能人やＹｏｕＴｕｂｅｒを目にしたことがあるでしょう。

知能を調べる知能検査では、制限時間内に図形がたくさん出てきて同じものを選ばされたり、様々な知識を問われたりするので、検査を受けて面倒だなと思った方もいるかもしれません。知能検査にも様々な種類がありますが、おおむね、これらの検査で調べているのは、基本的な情報処理能力や、知識に基づいて問題を解釈したり、推論したりする能力などです。

情報処理能力とは、与えられた問題をどれだけ早く解けるか、また、どれだけ記憶することができるか、などの能力です。学校の定期試験や受験の際に行われる入学試験では、制限時間内にどれだけ多くの問題が解けるかが大事になってきます。そのため、情報処理能力が学力に直結することは納得のいくことだと思います。

情報処理能力は、仕事においても重要です。次々と降りかかってくる仕事をテンポよくさばいていったり、新しい仕事を覚えたりするために必要となってくるからです。

推論する能力は、与えられた情報だけで考えるのではなく、それに基づいて思考を膨らませる能力です。わかりやすい例としては、名探偵コナンやシャーロック・ホームズなどの探偵が示す能力です。登場人物のちょっとした言葉や行動などの手掛かりから思考を膨らませて、犯罪に用いられたトリックを見抜きます。知能検査においては、与えられた形をお手本として、積み木などを使ってそのお手本と同じ図形を作るテストや、絵の欠けている部分を与えられた選択肢から推論して選ぶテストなどによって測定します。

こちらについても、数学の図形問題など学力と関係してきますし、仕事においても、すべて指示通りにこなすのではなく、与えられた情報から推論をして、どういうふうに仕事を発展させるかという点で必要になってきます。

つまり、認知能力とは、早く問題を解いたり、与えられた情報から思考を膨らませたりする能力です。学力や仕事を遂行するために大事な能力であることがわかると思います。「認知能力＝学力」とする人もいます。

厳密にいえば、認知能力は、頭の良さだけを指すものではありません。認知という言葉は、本来的には、世界を知るという意味です。特に心理学や認知科学と呼ばれる研究分野では、世界を知るためのプロセス、たとえば、見たり聞いたり、覚えたりする一連の流れを指します。

ここで認知能力の2つの意味について触れたのは、同じ言葉でも、専門分野や文脈によって同じ言葉でも異なった意味を持ち、ときにはそれによって問題が生じてしまうからなのです。この点については第7章でも触れますが、前著『子どもの発達格差　将来を左右する要因は何か』（PHP新書）でも詳しく触れてあるので、そちらもご参照ください。

さて、ようやく非認知能力の話です。非認知能力とは、「認知能力＝頭の良さ」としたときのものであり、頭の良さ以外の能力ということになります。ですが、頭の良さ以外の能力というのは漠然としすぎてよくわかりませんよね。

非認知能力を考える前に、皆さんが学校で何をしているかを考えてみましょう。まずは、当然のことながら、国語・英語・数学・科学（物理・生物・化学・地学）・社会（歴史や地理）などの教科を学んでいますよね。言わずもがなですが、これらは受験に直結するため、学校ではこれらの教科に多くの時間が割り当てられ、授業を受けていると思います。

また、音楽や体育、家庭科、美術、技術などの教科は、全員が受験勉強に必要というわけではありませんが、人生が豊かになるような様々な知識や能力を得ることができます。

そして、これらの教科と同等か、もしくは、それ以上に大事かもしれないのが、友達づきあいや部活動などの課外活動だと思います。授業はもちろんのこと、休み時間や部活動、放課後などにおいてクラスメイトなどの友達とつきあっていくことになるでしょう。

国語や数学が好きではなくても学校が嫌いにならないのは、休み時間に友達と色々なおしゃべりができるからかもしれません。思いを寄せている人がいて、その人の姿を見ることができれば、どんなに授業がつまらなくてもその一日は楽しいものになるでしょう。授業中は寝てばかりであまり授業内容は覚えていなくても、授業の後の部活動のために学校に行く方もいると思います。

筆者自身、授業中は寝てばかりでよく教師に叱られていましたし、今では学者になっていますが、それほど勉強が好きなほうではありませんでした。それでも、休み時間に友達ととりとめない話をしたり、授業が終わった後に部活動の練習をしたりするために、学校に通っていました。

このような、課外活動の場においては、頭が良いだけではうまくいきません。こういう場において特に必要になってくる力、そういうものが非認知能力だと思っていただけるとわかりやすいと思います。

それでは、学校の中で、友達づきあいや部活動などの課外活動において必要になってくる力とはどういうものでしょうか。様々な候補があると思いますが、経済協力開発機構（ＯＥＣＤ）という国際機関が提案している3種類の力について説明していきたいと思います。それは、筆者なりの表現になりますが、「目標を達成する力」、「自分に向き合う力」、「他人とつきあう力」です。

この3つの力は、先に述べた10代の特徴と関連してきます。特に、衝動的になりやすい点と自分について考える点に関連する力が、目標を達成する力と自分に向きあう力です。また、他人の出すシグナルに対して反応しやすいという特徴も挙げましたが、この点と関連するのが他人とつきあう力です。詳しく説明していきましょう。

非認知能力は3つに分類できる

Q　目標を達成する力ってどういうものですか？

まず1つ目は、目標を達成するための力です。この力は、あまりとっつきやすいものではないようにも思いますが、「はじめに」で述べた意志の力に該当します。

部活動を考えてみましょう。部員は個人種目であれ団体種目であれ、全国大会出場とか、作品展での入賞などの目標を立てて、その目標に対して努力すると思います。

筆者は高校ではラグビー部に所属しており、強豪校でもあったので、全国大会に出場するというのが目標でした。同じ県内には全国トップレベルの有名な学校があったので、その高校を倒すというのが、個人としても、部全体としても、目標でした。

部活動以外でも、文化祭や体育祭、修学旅行、学校外の活動などで、自分自身の目標を掲げてそれを達成したり、友達と協力しながら目標に向かって努力を続けたりすることは10代での得難い経験になります。

　ですが、実際には、目標を達成することは容易なことではありません。筆者に関して言えば、高校時代の3年間いずれの年も、打倒することを目標に掲げていた高校に負けてしまって目標を達成することはできませんでした。その意味で、筆者はうまくいかなかった例ということになります。

　ただ、目標を達成することだけが大事なわけではありません。目標が最終的に達成されなくても、目標を達成するために必要な能力は磨かれます。実際、目標を達成するためには、様々な困難が伴います。10代は衝動的になりやすく、立てた目標をあきらめやすいのです。そのような困難を克服するためにはいくつかの力が必要になってきます。

　目標を達成するための力は、具体的にはどのようなものを指すでしょうか。代表的なものとして、実行機能（自制心）、粘り強さ、やる気、などが挙げられます。

　実行機能については次章で詳しく説明しますが、目標の達成を邪魔するような誘惑や習慣を制御するような能力のことを指します。宿題を終わらせるということを目標とした場合に、目標の達成には、宿題に集中する必要があります。ですが、それを邪魔する誘惑はたくさんあります。それは友達からの遊びへの誘いであったり、ゲームであったり、ＹｏｕＴｕｂｅであったりしますが、そういう誘惑にいつも負けてしまっては目標の達成は難しいでしょう。そのような誘惑に打ち勝つ力が実行機能です。

粘り強さも、目標を達成するために必要な力です。第３章で説明しますが、粘り強さは、目標のために粘り強く努力を続けていくために必要な力です。目標を立てたとしても、なかなかうまくいかなければ、途中で目標を放り出したくなるものです。ピアノのコンクールでの入賞を目標としても、なかなか上達しなかったり、課題曲を思い通りに演奏できなかったりすれば、途中で投げ出したくなるでしょう。そういうときに、なんとか持ちこたえて、目標に向かって努力を続けることが粘り強さです。

これらに加えて、目標を達成するためのやる気や情熱が重要です。目標を立てても、その目標が自分にとって大事でなければ、その目標を持ち続けることが難しくなってしまいます。コンクールで入賞したいという思いが強ければこそ、その目標を持ち続けられるのです。

　このような目標を達成するために必要な力は、非認知能力の中でも最も研究が進んでおり、その重要性が示されています。特に、実行機能は、他の様々な非認知能力と関連しています。そのため、第2章や第3章で、まず、これらの力について紹介していきます。

Q　自分に向き合う力は、自分が得意なことを考えることですか？

　2つ目の非認知能力は、自分に向き合う力です。この能力は、自信を持つことや自尊心を持つことを指します。学生生活の中で、自信を持ったり自尊心を持ったりしなければ、毎日が苦しいことになるでしょう。

　自分という存在は不思議なもので、哲学や心理学でも古くから研究対象になっています。人間は、2歳頃から、自分という存在に気づき始めます。鏡に映った自分の姿が自分だとわかるようになるのです。その後、幼児期頃に、様々な特性、たとえば、自分の性別は何か、運動は得意であるのか、好きな遊びは何か、などを自分に当てはめていき、「自分」という考え方ができてきます。

幼児期では、他人との比較ではなく、自分に焦点をあてて考えます。そのため、昨日の自分と比較して、今日の自分がどれだけできるようになったかが大事なのです。自転車に乗れるようになったとか、泳げるようになったとか、今日できるようになったことで自尊心を保つことができます。

ところが、小学校以降になると、他人と比較するようになってきます。友達と比べて自分は算数が得意であるかどうかとか、友達と比べてピアノが上手であるかどうかとか、他人と比較することで自分を作っていきます。人間が社会的な動物であることを考えると当然なのですが、自分が他の人と違ってどういう良さや悪さがあるのか、考え始めるようになります。どうにも窮屈になってきますね。

10代に入ると、他の人にどう思われるか、という点も大事になってきます。他人の目に自分はかわいく、かっこよく映っているのか、何か場の空気を読まない行動をしてしまったのではないか、気になってしまいます。

このような中で、ときにはおかしいくらいに自信満々になったり、自信が持てずに落ち込んでしまったりしながら、自分について思いを巡らせると思います。

筆者が10代のころはまだ携帯電話がそれほど普及していませんでしたが、現代では多くの皆さんがスマートフォンを持っており、SNS等を駆使してコミュニケーションをとっているでしょうから、他の人にどう見られるかについて考える機会は多く、落ち込むような状況も多いと思います。

自分に向き合う力の中でも、自己効力感というのは重要です。第4章で詳しく紹介しますが、自己効力感は、ある課題を自分ならできるという確信のことです。たとえば、バスケットボールでやや遠いところから打つシュートを、自分なら決められる、という自信のようなものです。自分ならできると思えるので、私たちは挑戦したり、前向きになったりできるのです。

Q　他人とつきあう力とは社交性のことですか？

2つ目の非認知能力は自分に関する力でしたが、3つ目は他人に関する力です。私たちは、自分に向き合いつつ、他人ともうまくつきあっていく必要があります。社交性ももちろん関係してきますが、本書ではもう少し基本的な力のことを指します。この力は、他者の出すシグナルに対して反応しやすいという10代の特徴と関連してきます。

10代という時期は、家族から独立し始める時期でもあります。親やきょうだい、親戚が重要な他者であった10歳未満の時期から、友達や恋人が重要な他者になってきます。当然のことながら、友達や恋人からの影響を強く受けることになります。髪型や洋服、メイクなどの外見的なことはもちろんのこと、考え方や好み、お金の使い方に至るまで、良くも悪くも大きな影響を受けます。

友達や恋人と過ごす時間が長くなるにつれて、うまくつきあっていく必要が出てくるため、他人とつきあう力が重要になってきます。相手は今どういう気持ちでいるのか、どういう言葉をかけるべきなのか、どういう振る舞いをしたらいいのか、などに対して腐心することになります。

さらに友達以外、学校以外にも交友範囲を広げたり、自分専用のスマートフォンを持ったりすることによって、見知らぬ他者との出会いやつきあいも増えていくことになります。このような中で、誰を信用して、誰が信用できないのか、誰とつきあい、誰とつきあうべきではないのか、そういう見極めも大事になってきます。

他者とつきあう力の中で、本書では、感情知性（第5章）と向社会的行動（第6章）に注目します。前者は自分や他人の感情を理解し、日々の行いに活かす力であり、後者は親切心のことです。

皆さんは感情的に不安定になることもあるでしょう。友達とうまくいってないときや恋人とケンカしたときに、落ち込んだり不安になったりすることもあると思います。自分以外の誰かのそういう気持ちの変化に気づけるかどうかは、感情知性と関係します。

また、皆さんが友達に対して親切な行為をすることもあれば、友達が皆さんに親切な行為をしてくれることもあるでしょう。親切な行為をすることは気持ちのいいことですし、親切な人は友達に人気があることも多いでしょう。「情けは人のためならず」の言葉通り、親切な行為をすると、まわりまわって自分に返ってくることも知られています。

以上のように、非認知能力は、目標を達成する力、自分に向き合う力、他人とつきあ

目標を達成する力

・実行機能（自制心）
・粘り強さ
・やる気

他人とつきあう力

・感情知性
・向社会的行動

感情を調整する力

・自己効力感
・自尊心

非認知能力の３つの力

う力から構成されます。いずれも、認知能力、つまり頭の良さとは異なることを理解いただけたのではないかと思います。

非認知能力が高いと幸せになれるの？

Q　非認知能力はなぜ今注目されているんですか？

次は、非認知能力はなぜ注目されているのか、という質問です。こちらも非常によくいただく質問です。

ここまで非認知能力について説明してきましたが、読者の皆さんはどのような感想をいだいたでしょうか。要するに自信とか社交性とかのことでしょ、そんなものが大事なんていつも先生やコーチ、家の人に言われているし、当たり前でしょうと思ったかもしれません。その感想はおっしゃる通りで、非認知能力はこれまでに社会性などと言われてきたものとほとんど変わらないのです。

ですが、確かに、日本だけではなく、世界的に、特に教育現場や子どもの支援にかかわるような現場で非認知能力は強い関心を集めています。

その理由として、2つの大きな理由をあげてみたいと思います。

1つは、人生の幸福度に直結する可能性があるということです。「はじめに」でも触れたように、私たちの人生の幸福度は、人間関係や仕事、経済的側面や健康面と関連しています。これらの幸福度に、非認知能力が関連する可能性があるのです。

たとえば、目標を達成する力が強い人は、仕事でつらいことがあってもめげずに遂行することができるでしょう。その結果として、高い収入を得ることができることもあります。また、目標を達成する力が強い人は、ダイエット中にケーキを食べたいという誘惑に駆られても、その誘惑に打ち勝つことで、健康な体を維持できます。

それ以外にも、親切な人や感情知性が高い人は、いい人間関係を築くことが上手です。家族と仲良くできますし、友達とも恋人とも長く関係を続けていけるでしょう。

必ずしもすべての非認知能力に明確な証拠があるわけではないのですが、目標を達成する力と人生の幸福度のいくつかの側面には関連があることが示されています。

もう1つの重要な点は、教育や支援によって変えることができるかもしれないという点です。認知能力、つまり知能は、生涯を通じてあまり変化しないことが知られています。つまり、子どものときに知能が高い人は、大人になっても知能が高い可能性が高いのです。子どもの知能を向上させようという様々なプロジェクトが世界各地でなされましたが、それらの結果から言えることは、知能を変えるのは極めて難しいということです。

一方、非認知能力は、教育や支援によって変えることができる可能性があります。認知能力と比べると研究の数がそれほど多くはないので、結論はまだ出せる段階ではありませんが、認知能力よりは変えられる可能性があります。

また、非認知能力のうちのいくつかの能力は、家庭の経済状態や家庭環境、子育てなどに大きな影響を受けると考えられています。

つまり、非認知能力は、生まれつき決まっているものではなく、変えることができるのです。それほど簡単なことではありませんが、10代の方であれば、変えることができるのです。大人になってしまうと、自分を変えることは非常に難しいのです。

Q　非認知能力を高めると幸せな人生を送れますか？

次に、この質問について考えてみたいと思います。ここまで、非認知能力は人生の幸福度と関係していること、また、非認知能力は教育や支援で変化させられることを説明してきました。この2つを組み合わせると、非認知能力を向上させることで、より人生の幸福度が高まるような気がします。

この点については、10代という現在の幸福度と、大人になってからの幸福度とで、区別して考える必要があります。

まず、非認知能力と大人になってからの幸福度の関係をどのようにしたら調べることができるかを考えてみましょう。

ある子どもたちに、特別な教育プログラムを施して、非認知能力が向上させられたとします。その子どもたちの人生の幸福度は、その子どもが大人になったときに、どういう人生を送っているかを調べなければなりません。

おわかりの通り、このような研究は、その人の人生を追うことになるので、非常に時間がかかります。このような研究は世界的にもいくつか見られており、有望な結果も出ていますが、まだ数は多くないため、評価にはもう少し時間がかかります。

それでは10代で非認知能力を高めても意味がないのでしょうか。決してそういうわけではありません。10代という現在について考えてみましょう。

本章の冒頭で述べたように、10代は、自分と向き合ったり、友達のシグナルに反応しやすかったり、誘惑に負けやすかったりします。非認知能力を高めることで、10代で直面するこのような問題の一部を解決することができるでしょう。つまり、10代という時期を過ごすことそのものに、非認知能力はとても大事な力になります。

さらに、非認知能力を向上させることで、10代の学力や健康状態を向上させられるかどうかが世界的に検討されています。その結果として、ある非認知能力を教育プログラムや訓練で向上させた結果、学力が向上したり健康状態がよくなったりするという結果がある一方で、非認知能力を向上させても、人間関係や学力がそれほど向上しないという研究も報告されています。

こういう研究結果の食い違いは、対象となる子どもの年齢や背景（裕福であるか否かなど）、教育プログラムや研究のやり方、どのような非認知能力を扱っているか、などによって生じていると考えられます。たとえば、同じ教育プログラムをやってみても、裕福な子どもに対してはあまり効果が出にくいのに対して、経済的に厳しい子どもに対しては効果が出やすいことが知られています。

日本国内では、まだ十分な研究結果が得られていません。現在、教育プログラムによって非認知能力を向上させ、その結果として学力や健康状態にも変化がみられるかについて研究が始められており、筆者もそのような研究にかかわっています。本書執筆時点で進行中なので、どのような結果が得られるか、今後の研究の推移を見守っていただければと思います。

本章のまとめ

本章では、まず、10代がどういう時期かを説明しました。10代の心の特徴として、自分らしさの形成、衝動的になりやすい、他者のシグナルに強く反応する、という3点があります。

次に、非認知能力はどういうものかを説明してきました。大きく、目標を達成する力、自分に向き合う力、他人とつきあう力の3つがあります。このような非認知能力は、将来の幸福度と関連することと、教育や支援で変えられる可能性があることを紹介しました。

最後に、非認知能力を変えることによって、人生の幸福度を高めることができるかどうかについて考えました。現時点では結論は下せないが、10代という時期を過ごすうえで、非認知能力を高めることには意味があるという指摘をしました。

次章から、具体的な非認知能力についてみていきたいと思います。まず、第2章は、目標を達成する力の1つ、実行機能について説明していきたいと思います。

第2章　欲求を制御し必要な行動を選ぶ力

勉強に集中できないのはナゼ？

今日も疲れた。学校から帰って、夕飯をすませて、さあ何をしよう。来月にはテストがある。数学の微分がまったくわかっていない。ああ勉強しなくては……。でも、新しく配信されるゲームをやりたいなあ。先日アップした動画が好評だったので、新しく動画を撮影してＳＮＳにアップもしたいし。勉強をしよう、いや、ちょっとくらいゲームしてもいいか。私の動画を待っている人がいるかも……。

このように悩んだことはないでしょうか。中学であれ、高校であれ、大学であれ、勉強は学生生活で多くの時間を占めます。定期テストや受験に向けて、宿題や課題をこなさなければなりません。もしくは、所属する部活動やクラブでの目標に向かって、毎日のように練習に励み、ときにはさぼりたくなることもあるでしょう。

一方で、この時期には、誘惑がつきものです。小学生のころと比べても、様々なことに興味が出てきます。小学生の間にはそれほど洋服や化粧、髪型に関心がなかったのに、中学生になるとこれらに自分のお小遣いを注ぐかもしれません。小学生の間は子ども用で制限が多かったスマートフォンしか持てなかったのに、中学生になることをきっかけに大人と同じスマートフォンを手に入れて、SNSに時間を費やすこともあるでしょう。

このように、自分にとっての目標があるときに、その目標を達成するためにするべきことと、その目標達成を邪魔することがあります。このような状況で、目標を達成するために邪魔になることをがまんして、するべきことをする力を実行機能といいます。

たとえば、テストに向けて勉強するという目標を達成するために、SNSをしたいという欲求を抑える力と言えば想像しやすいかもしれません。第2章では、実行機能についてみていきましょう。

Q　勉強を始めても集中力が続きません。どうすればいいですか？

スマホを一度触るとやめられなくなることに悩んでいます。YouTubeを見始めたら途中でやめることができず、勉強できません。お菓子を食べすぎてしまいます。どうしたらがまんできるでしょうか？

まずは実行機能とかかわる高校生の悩みをアンケートから見ていきます。筆者らが行ったアンケートの中でも、最も多かった高校生の悩みの1つが、実行機能にかかわる悩みでした。

こういう悩みは本当に多いようです。確かに、皆さん、勉強しなければならないということは自覚している。でも、実際にやり始めると集中力が続かなかったり、YouTubeを見るのを止められなかったりして、勉強を続けることができないようです。また、勉強以外のところでは、お菓子をがまんできなかったり、ジュースをがまんできなかったりすることに悩んでいる方々もいるようです。

こうした悩みは非常によくわかります。ただ、悩みに対する解決策だけを知るのではなくて、なぜ自分には集中力がないのか、がまんができないのか、それは自分だけの問題なのかということを知ることがまずとても大事なことです。ビジネスでも研究でも医療でもそうですが、まず大事なことは、現状を把握することです。現状を把握したうえで、そのような現状にどのように対処するのか、考えていく必要があります。

では、実行機能がどういうものかについてもう少し説明していきましょう。

Q　実行機能？　まったく聞いたことがありません。

確かに、実行機能という言葉は、２０２３年現在においても、わが国ではあまり一般的ではありません。欧米圏では実行機能を意味するExecutive Functionという言葉が浸透しつつありますし、一部のアジアの国では、英語が母語ではないにもかかわらず、その略称であるＥＦという言葉が広がっています。実行機能を長年研究してきた筆者としては、この言葉が日本でももう少し一般的になればいいなと思っているところです。

第１章でも説明した通り、実行機能は、目標を達成するために必要なスキルです。目標にも色々とありますが、実行機能における目標は、比較的短期の目標です。たとえば、宿題を終わらせることとか、今日一日甘いものを食べないことなどが目標になります。

次章で紹介する「粘り強さ」が長期的な目標であることとは対照的です。長期的な目標とは、志望校合格のようなものです。この点は次章で詳しく説明します。

皆さんからの質問の中で、「集中力が続かない」ことと、「ＹｏｕＴｕｂｅを見始めたらやめられない」ことをどちらも実行機能にかかわる悩みとして紹介しましたが、この2つが同じように扱われることに違和感がある方もいるでしょう。

実は、実行機能には大きく2つの側面があり、「集中力が続かない」ことと、「ＹｏｕＴｕｂｅを見始めたらやめられない」ことは別なのです。大きな違いは、欲求が含まれるかどうかということです。ＹｏｕＴｕｂｅの例では、ＹｏｕＴｕｂｅを見たいという欲求があり、その欲求を抑える必要があります。一方、集中力が続かない例では、そもそも目の前の勉強に対して集中できないということです。もちろん、なんらかの誘惑によって集中ができない場合もありますが、誘惑がなくても集中力が続かないこともあるでしょう。

このように、欲求を含まないほうの実行機能が、「思考の実行機能」であり、欲求を含む方の実行機能は「感情の実行機能」です（文献2－1）。2つの区別はとても大事なことなので、覚えておいてください。

学力に影響を与える思考の実行機能

思考の実行機能には、さらに3つの能力が含まれます。「作業記憶」「抑制機能」「頭の切り替え」の3つです（文献2－2）。

「作業記憶」とは、ある情報を短時間の間に覚えること、そして必要に応じてその情報を変換する能力のことです。たとえば、皆さんがレストランでアルバイトをしているとします。そのときに、4人組のお客さんが、「ピラフ」「オムライス」「ナポリタン」「マルゲリータ」という注文をした場合、皆さんはどのお客さんがどの料理を注文したかを、料理を出すまで覚えておかなければなりません。さらに、このお客さんに料理を出した後に、別の3人組のお客さんから注文をうけた場合、最初のお客さんの注文内容を忘れて、新しい注文内容を覚える必要があります。こういう能力が作業記憶なのです。

次の「抑制機能」については研究上いくつかの意味合いがあるのですが、ここでは、集中力と直結するものについて紹介します。この意味での抑制機能は、目の前にあるもののうち、一部のものにだけ目を向けて、他のものを無視するような能力のことを指します。たとえば、コンピュータスクリーン上に5匹の魚の絵が一列に並んでいて、真ん中の魚は左を向いており、それ以外の魚は右を向いているとします。真ん中の魚がどちらを向いているかを答えなければならない場合、真ん中以外の魚の向きはむしろ邪魔になるので、無視しなければなりません。こういうスキルが抑制機能なのです。

「頭の切り替え」は、状況の変化に応じてある行動から別の行動に切り替えたり、思考を切り替えたりする能力です。たとえば、前の時間が国語の授業で、次の時間が英語の授業であった場合、頭の中を日本語から英語に切り替える必要があるでしょう。こういった状況の変化に対応するための能力です。

思考の実行機能はこのような能力なのですが、主に学力と関連することが知られています。皆さんが悩まれるように、集中力と密接に関係する能力なので、勉強に集中するときに役立つのです。

学力の中でも、特に数学の成績と関連することが知られています。数学の問題を解くには、覚えていた公式を短期的に頭の中に呼び出して少し変形させて使ったり、図形の問題で不要な情報を無視して必要な情報に目を向けたり、ある問題から別の問題に移るときには頭を切り替えたりしなければならないため、関連するのではないかと考えられています。ですが、数学だけではなく、他の科目とも関連することが報告されているので、実行機能と学力がどう結びつくかは現在世界中で研究されています。

人間関係に重要な感情の実行機能

次に、感情の実行機能は、様々な欲求を制御して目標を達成するための能力です。ここでの欲求とは、食欲、睡眠欲、性欲、SNSでの承認欲などのことです。たとえば、皆さんが部活動を終えてお腹がペコペコなときには目の前のおにぎりやドーナツを食べたいという強い欲求があるでしょうし、何か面白いものを発見したときはSNSで紹介してたくさんの「いいね!」が欲しくなるでしょう。

こういう欲求自体は健全なことですが、時と場合によってはがまんする必要があります。お腹が空いていても、夕食にレストランで食事をする予定が入っている場合、おにぎりやドーナツを食べてしまうとレストランの食事が食べられなくなりますし、何か面白いものを発見したとしても、それが道徳的に問題があるような内容であればＳＮＳで紹介するべきではないでしょう。

レストランの例でいえば、「レストランでおいしい食事をする」という目標がある場合、目の前のおにぎりやドーナツを食べたいという欲求を抑え込まないといけません。このように、目標を達成するために欲求を制御するのが感情の実行機能なのです。

感情の実行機能は、人間関係や問題行動に関連することが知られています。つまり、感情の実行機能が高い人は、人間関係が良好だったり、他人に暴力をふるうなどの問題行動が少なかったりするのです。逆に、この能力が低い人は、衝動的な行動をとってしまうために、人間関係がうまくいかず、問題行動を多く起こしてしまうのです。

また、肥満なども関連することが知られています。先のおにぎりの例でみられるように、食欲は抗《あらが》うのが難しい欲求の１つです。医療系の様々な書籍やＹｏｕＴｕｂｅチャンネルなどで紹介されていますが、甘いものや炭水化物を多く含むものは、中毒のような症状を引きおこすことが知られています。甘いものを食べると幸福感を得られるために、またそれを得たいという気持ちが強くなり、制御することは容易ではありません。その制御がうまくいかないと、肥満になり、健康を崩してしまうこともあるのです。

Q　赤ちゃんってがまんできませんよね。いつからできるようになるんですか？

次に、この質問について考えてみましょう。実行機能には思考面と感情面の2つの側面がありますが、どちらも赤ちゃんには備わっていません。実行機能は、どちらの側面も、3歳から6歳くらいで急激に発達します（文献2－3）。小学校に入ると、授業中にずっと席についていたり、先生の指示に従ったり、体育や音楽などの教室での授業とは異なる授業に対応したりする必要がありますが、実行機能のおかげで対応できます。

小学生の間、個人差はあるものの、基本的には年齢とともに思考の実行機能も感情の実行機能も着実に発達していきます。ところが、青年期に差し掛かると、感情の実行機能に大きな変化が訪れます。

思考の実行機能は、青年期も順調な発達を続けていきます。小学生よりは中学生、中学生よりは高校生のほうが能力は高いのです。そのため、難しくなっていく数学の問題を解けるようになるわけです。一方、感情の実行機能は、青年期に一時的に停滞したり、もしくは、低下したりすることがあります。このことを示す研究を紹介しましょう。

お金を使った研究です。お金は私たち人間にとって価値のあるものであり、私たちの欲求を喚起します。お金が欲しいという気持ちを持つのは自然なことですが、状況によってはその気持ちを制御しなければなりません。ですが、お金に目がくらんで道徳的に問題のある行為や違法行為をしてしまう中学生や高校生は少なくありません。

お金に目がくらんでしまうことを示す有名なテストを紹介しましょう。このテストでは、いくつかの箱を用意し、それぞれの箱に「あたり」と「はずれ」のカードが入っています。参加者は、箱から何十回もカードを引くように求められるのですが、あたりの場合はお金をもらえ、はずれの場合はお金をとられてしまいます。このような研究は、本当のお金を使う場合もありますし、ゲーム内でのお金のこともあります。

大事な点として、リスクの高い箱とリスクの低い箱があるということです。リスクが高いというのは、儲《もう》かる可能性が高い一方で大損をする可能性も大きいものであり、リスクが低いというのは大儲けすることはないが、大損をすることもないことを指します。

研究場面では、リスクが高い箱では、あたりの場合は多く儲け（250円もらえる）、はずれでは多く損をします（1250円の損失）。重要な点として、リスクの高い箱にははずれの割合が多く、こちらを選び続けると最終的には損失を出すことになります。一方、リスクの低い箱では、あたりの場合の儲けは少なく（50円もらえる）、はずれでも損が少ない（50円の損失）わけです。こちらはあたりが多いので、こちらを選び続けると最終的には若干ながら儲かることになります。

研究参加者には、リスクが高い箱があるとか、リスクが低い箱があるとか、そういう情報は与えられません。ですので、あたりやはずれの結果に基づき、自分の選択を変えていく必要があるのです。たとえば、引いてみたけれどこちらの箱ははずれると損失が大きいと考え、別の箱を選択するようになるかもしれません。

このテストでは、リスクが高い箱のほうが一度に得られる利益が大きいので、短期的に考えるとそちらを選びたくなります。しかし、はずれた場合の損失が大きいため、リスクの低い箱を選び続ける方が適切な戦略になっているのです。

これと類するテストを、様々な年齢の参加者にやってもらい、その結果を比較しました。その結果、小学生や大学生に比べて、中学生や高校生がリスクの高い箱を選びやすかったのです。つまり、青年期はリスクを取りやすく、その結果として損をしてしまうということです。

実行機能の発達という観点からすると、中学生や高校生は、一見儲かりそうな選択をすることを制御し、堅実な選択を選ぶことができないという意味で、感情の実行機能は小学生よりも低いということになります。

危険なことをしたがる10代

Q　なぜ10代は危険な行為をしたり、リスクを取りすぎたりしてしまうのでしょうか？

リスクを取ったり、わざわざ危険なことをしてしまったりという10代の特徴は、皆さんの中にも心当たりのある人がいるかもしれません。なぜなのでしょうか。このことは

10代に起きる脳の発達に関係しています。まず、10代の脳の全般的な生物学的な変化について簡単に触れておきましょう。

小学生のときに比べて、10代は心と脳に急激な変化が起こります。これは、アンドロゲンやエストロゲンのような性ホルモンの濃度が身体内で急激に高まるためです。詳細な生物学的メカニズムについては触れませんが、視床下部や下垂体という脳の領域の働きによって、性ホルモンが分泌され脳を含む様々な部位に送られます。

脳の中で、感情とかかわると考えられる領域に性ホルモンが作用するようです。特に、欲求にかかわる領域への影響が大きいようです。このような領域はある対象が自分にとっての報酬（ご褒美）になるときに働く脳領域であることから、報酬系回路と呼ばれます。

感情の実行機能は、単純化すると、この報酬系脳領域と、報酬系領域の働きを調整する外側前頭前野を中心とした脳領域の2つの領域のバランスで成り立っています。

たとえば、皆さんが大好物のもの（たとえばケーキ）を目にしたとき、報酬系回路が活動します。ケーキを得たいという欲求が生じているわけです。ただ、なんらかの理由でそのケーキをがまんしなければならないとき、報酬系回路の活動を調整するために外側前頭前野が活動します。つまり、ブレーキのような役割を果たしているのです。

一方、ある対象が皆さんにとってどうでもいいものであった場合、報酬系回路はあまり活動しません。そのため、外側前頭前野の働きは報酬系回路の調整をする必要がないのです。

小学生の間は、報酬系回路の働きと外側前頭前野の働きのバランスがよいのですが、10代にはこのバランスが崩れます。性ホルモンの影響で報酬系回路の活動が強くなりすぎるため、外側前頭前野の働きでは十分に調整しきれないということです。その結果として、衝動的な行動をとってしまうのです。

ちなみに、思考の実行機能に関しては、外側前頭前野と後部頭頂領域という脳の部位が中心的な役割を果たすことが知られています。思考の実行機能には報酬系回路がかかわってこないので、10代においても低下しないということです。

このように、皆さんが、欲求に抵抗できなかったり、がまんが難しかったりするのはある程度は仕方がないことなのです。まずこのことを知ってほしいのです。

Q　10代の全員が衝動的ではない気がします。個人差があるのではないですか？

10代で実行機能をうまく働かせるのは難しいのですが、確かに個人差はあります。衝動的な人もいれば、そうではない人もいます。ここで大事なのは、10代で衝動的であるかどうかは、その人の将来にかかわってくる可能性があることです。ニュージーランドの研究からの報告です（文献2－4）。

この研究では、ダニーデンという町にある年に生まれたすべての赤ちゃん1000名程度を対象に、その赤ちゃんの生涯を追跡する研究を実施しました。子どものころのどのような要因がその人が大人になったときの収入、職業、健康に影響を与えるかを検証するためです。

この研究では、参加者の方々に3年おきくらいに調査をしました。子どものころはともかく、大人になるとニュージーランド国内はもちろん、世界各国に移住してしまっているので、調査に継続して参加してもらうのは大変です。それでも、33歳時点においても、当初の参加者の90％程度が調査に参加しています。この点においてこの調査は高く評価されています。

この調査の結果、子どものころに実行機能が高い人は、低い人よりも33歳になった時の年収が高く、社会的地位が高い職業に就く可能性が高く、健康状態が良いことが示されています。これは、ＩＱや家庭の経済状態など、年収や社会的地位に影響を与える可能性がある他の要因の影響を統計的に排除しても、実行機能の影響は見られるということです。

この調査は子どものときの実行機能の重要性を示しているのですが、実は、10代の重要性も示しています。これまで述べてきたように、10代は、様々な誘惑に弱くなってしまいます。お酒やタバコ、ドラッグなどに手を出してしまう人も少なくありません。

この調査では、10代にお酒やタバコに手を出した人と手を出さなかった人がその後どうなるかを比べています。その結果、10代にお酒やタバコに手を出さなかった人は、出した人よりも、年収が高く、健康状態が良いことが示されています。

皆さんにも、お酒やタバコなど、様々な誘惑があるでしょう。ですが、誘惑に負けやすくなる10代に、誘惑に打ち勝てるか、負けてしまうかによって、将来が影響を受けてしまいます。皆さんにとって踏ん張りどころです。頑張りましょう。

Q　私たちがリスクを取りやすいのは、悪いことなのですか?

ここまで10代は誘惑に負けやすかったり、リスクを取りやすかったりすることを述べてきましたが、一方で筆者としては、10代が不安定な時期だということだけを言いたいわけではありません。

10代がリスクを取りやすい時期であることは確かですが、見方を変えると、中学生や高校生は、リスクを取ることができるともいえるのです。日本人の大人は、リスクを取ることを好みません。たとえば、資産形成場面では、貯蓄か投資かという選択を与えられると、貯蓄をする日本人がほとんどです。ですが、本当に資産形成をするためには、適度なリスクを取ることが重要だとされています。もちろん、過度なリスクを取ると破滅の道がまっているわけですが、ある程度のリスクを取らないと、お金を稼ぐことはできないのも事実です。

このような大人と比べて、10代はリスクをとることができ、それによって新しい道を開く可能性があります。10代は、独立のための準備の時期です。小学生とは違い、進路から友達や恋人の選択まで、自分で様々な意思決定をしなければなりません。

たとえば、プロのスポーツ選手になるという選択は大きなリスクがあります。活躍できる人は一握りであり、多くの選手が数年でプロの世界を去ることになります。リスクを取りたがらない保護者や周りの大人は、そういう選択を喜ばないかもしれません。ですが、プロの選手を目指すことで得られる経験や人のつながりは、通常の選択では得られないものです。プロの選手になれなくても、スポーツ選手を支えるような仕事や医療などの道に進んで活躍できることもあるでしょう。

また、一昔前は、国外の大学に進学することはリスクが高いと考えられていました。日本の一流といわれる大学に行き、一流と言われる企業に勤める、そういう道が好まれていた時代です。国外の大学に行っても、たとえば日本の企業が求める協調性などがないと判断され、就職に不利に働くこともあったようです。ですが、日本の先行きが必ずしも明るくないような現代において、国外の大学に行くことはリスクがあるのは確かですが、世界で活躍するチャンスとなるのも事実です。

そういう意味において、変わりゆく社会の中で、次世代を担う中学生や高校生が適度なリスクを取ることは大事なことなのです。ただ、過度なリスクを取ってしまうと危険だというのもまた事実です。たとえば、避妊をしない性行為などはリスクが高いだけの行為です。ドラッグなどの薬物やタバコ、お酒に対して手を出す青年も少なくないですが、このような行為もリスクが高いだけの行為です。SNSで道徳的に問題のある行動が拡散されると、一生を棒に振ることになるかもしれません。

10代の皆さんに伝えたいのは、自分たちの年代は、リスクを取りやすいのだということ、そして、そういう自分を知った上で、どのようなところに身を置くのか、どういう選択をするのか、ということです。リスクを取りに行くべきなのはどういう状況なのか、よく考えていただければと思います。

Q　授業中に眠くなってしまうのですが、それをがまんする方法はあるでしょうか？

さて、少し難解な話が続いたので、皆さんが悩むであろうこのような質問を考えてみましょう。

正直に言うと、筆者も、特に高校生のときは、部活動で疲れすぎていて、授業中寝てしまい、教師に怒られることが少なくありませんでした。そのような筆者が言えた立場ではありませんが、授業中眠くなった場合に抗うのは容易なことではありません。当たり前のことですが、眠くならないように工夫するのがやはり一番でしょう。

眠くなってしまう裏には、血糖値をあげすぎないという食生活の問題とか、大人であれば睡眠時無呼吸症候群とか、医学的な視点から言えることも様々にあると思いますが、これらは専門外なので、ここでは10代にみられる睡眠の特徴という点から見てみましょう。

大前提として、睡眠不足は避けなければなりません。睡眠中には記憶の定着が行われるなど、睡眠は脳の発達にとって重要な役割を果たします。そのため、睡眠不足によって学力が低下したり、精神的な健康を崩したり、肥満になったりするなど、睡眠不足は大敵です。

実際、各種統計でも、中学生や高校生は寝不足であることが報告されています。ある調査によると、高校生の半数が6時間以下の睡眠しかとっていないことが報告されています。6時間以下の睡眠では、授業中に眠くなっても仕方ないでしょう。

そんなことは知ってるけど、忙しくて夜なかなか布団に入れないし、朝は布団から出られないんだよ、という声が聞こえてきそうです。確かに、小学生の時期と比べて、10代には睡眠のリズムが変化することを示す研究が報告されています。

私たちの脳、特に視交叉上核《しこうさじょうかく》という領域には、一日のリズムを刻むいわゆる体内時計があります。この体内時計と、実際の昼夜には少しずれがありますが、太陽光などの光が目から視交叉上核に届くことによって、そのずれを解消しています。

夕方になり、視交叉上核に光が届かなくなると、その情報が脳の松果体《しょうかたい》という領域に届きメラトニンが放出されます。このメラトニンが放出されると眠くなります。そして朝、太陽が出ると光が視交叉上核に届き、メラトニンが放出されにくくなるので、目が覚めるのです。

ある研究では、10代においては、朝になってもメラトニンの放出が止まりにくくなる可能性が指摘されています。特に、思春期の兆候とされる身体的な変化（陰毛が生えるなど）が進んでいる青年ほど、メラトニンの放出が止まりにくい、つまり、朝目が覚めにくいということです。

大人ではこのような傾向はないので、教師は朝眠くないわけです。教師側からすると、中学生や高校生が眠いのは精神がたるんでいるようにみえるのかもしれませんが、実際には生物学的な理由があるのです。米国で朝早い時間から授業を開始している学校で始業時間を30分ずらすと、生徒たちの学習意欲や学業成績がよくなることが繰り返し報告されています。筆者が高校生のときも、1時限の前に早朝から補習がありましたが、眠くて集中どころではありませんでした。授業設計にも工夫の余地があるかもしれません。

実行機能は鍛えられるの？

Q　がまんするのはいいことなのでしょうか？
がまんした後、いつ発散したらいいでしょうか？

さて、ここまで10代の実行機能の特徴を見てきました。こういう話をすると、何事もがまんが大事だ、というような根性論のように聞こえるかもしれません。事実、右のような質問を多数いただきました。

まず、実行機能が大事だということと、がまんが大事だということとは異なります。実行機能は、「目標を達成する」ために必要な能力です。最も大事なのは、皆さんが自分の目標を持ち、その目標を達成しようとすることなのです。がまんをすることもありますが、それは手段にすぎません。自分の目標を達成するために、自らがまんを選択できる能力ともいえます。言い換えると、保護者や教師、部活動の顧問から強要されるようながまんはまったく大事ではないのです。ここは混同しないでほしいところです。

次に、がまんを発散させるという話についてです。自らがまんを選択した場合の話ですが、がまんは続かないことも知られています。最近は少し疑問視されている考えなので割り引いて読んでほしいところですが、実行機能は容量みたいなものがあり、一度実行機能を使った場合、その後に実行機能を使おうとしてもうまくいかないことが知られています。

たとえば、皆さんが宿題をしているときに、友達からLINEが来たとします。そのLINEを見てしまうと既読がついてしまい、すぐに返事を書かないといけないので、見るのをがまんしたとします。ここで一度がまんした後に、今度はお腹が空いていることに気づきました。一度がまんしたあとは、がまんができません。お菓子の誘惑に負けて、お菓子を取りに台所に行き、結局宿題を終わらせられないのです。

ここまで見てきたように、実行機能は学力や友人関係にも関係しますし、10代における分かれ道になる可能性があります。こういうことを知っていただいた上で、冒頭の質問に戻ります（44－45頁参照）。

これらの質問に対して、実行機能は鍛えられるか、という点から考えてみたいと思います。実行機能自体が大事なのはもちろんのこと、次章で紹介する粘り強さ、第5章で紹介する感情知性、第6章で紹介する向社会的行動にも実行機能は関連することが知られており、実行機能を鍛えることは、他の様々な非認知能力を鍛えることにもつながる可能性もあります。

第1章でも述べたように、非認知能力は、知能などと比べると、教育や訓練などによって変化する可能性があります。その証拠として、上記のダニーデンの研究では、子どものころのＩＱが高い人は大人になってもＩＱが高い傾向があったのに対して、実行機能については、子どものころと大人になってからでは関係がいくぶん弱いことが示されています。つまり、子どものころに実行機能が低くても、大人になってから高くなる可能性があるのです。

ただ、実行機能を鍛えることは有望そうなのですが、そう簡単ではないこともお伝えしなければなりません。大人を対象に、様々な方法で実行機能やそれに類似した能力を鍛えようとした研究があります。日本でも脳トレなど、商用になっているものもあります。

大人を対象にした研究を概観してみると、「必ずしも実行機能を鍛えられるとは言えない」という結論が導かれます。わかりにくい表現になっていますが、実行機能を鍛えられると考えている人と鍛えるのは難しいと考えている人が大きく対立しており、様々な研究データを統合して解析するメタ分析の結果などを見てみても、「必ずしも実行機能を鍛えられるとは言えない」という結論になります。大人になってからでは間に合わない可能性があります。

10代を対象とした研究は大人を対象にした研究ほど多くはないため、こちらについても結論を出せる段階ではありません。ただ、大人よりは10代、10代よりは子どものほうが実行機能は鍛えやすいということは言えそうです。ですので、ここでは実行機能を鍛えるのに有望と思える方法について紹介しましょう。

まずは、運動およびスポーツです。運動やスポーツにも、短期的な効果と長期的な効果がありますが、ここでは長期的な効果についてみてみましょう。

基本的には、習慣的な運動が重要です。ある研究では、小学生を対象に、放課後に定期的な運動をすることで、体力が向上し、その結果として実行機能が高まることが報告されています。特に、複数の新しい動きや複雑な動きを要するような協調運動が実行機能を高めるためにはよいようです。

また、サッカーやテニスなどのスポーツに取り組むことによって実行機能が高まる可能性が示されています。国内の研究からも、テニスの経験が長ければ長いほど、思考の実行機能が高いことが示されています（文献2－5）。

運動系の部活が実行機能によさそうな気がしたかもしれません。ただし、運動の効果は、運動が好きかどうかに依存します。つまり、運動が好きな人は、運動をすることで実行機能は高まりやすいのですが、運動が嫌いな人が運動をしても実行機能は高まりません。むしろ実行機能が下がる可能性が指摘されているくらいです。運動好きな人は、運動を他人に押し付ける傾向にありますが、自分にとって良いことが他の人にとって良いとは限らないという点は留意してほしいところです。

運動以外では、音楽は記憶や知能など、子どもの発達に良い影響があることが知られています。実行機能についても、音楽は良い影響がありそうです。ピアノやバイオリンなどの楽器の演奏は運動と同じく様々な動きを必要とする協調運動ですし、音楽によって脳内のリズムを整えると主張する研究者もいます。音楽以外にも、瞑想《めいそう》やヨガなども有望です。

本章のまとめと心がけてほしいこと

とはいえ、先述の通り、実行機能そのものを鍛えることは簡単ではありません。時間もかかりますし、継続する必要もあります。そのため、運動や音楽などを継続してもらいつつ、筆者がお勧めしたいのは、実行機能をいつ、どの場面で使うかを考えて、うまく使うということです。

先にも述べたように、実行機能を連続で使うことは容易ではありません。LINEを見るのをがまんした後に、おやつを食べるのをがまんするのは難しいのです。ですので、まず、皆さんにしてほしいのは、どのようなときにがまんしたり、集中したりするのが難しいのかを把握するということです。

自分にとってがまんが難しいのは、学校なのか、家なのか、もしくは勉強中なのか、リラックスしているときなのか、把握してほしいのです。また、何に対するがまんが難しいのかも大事です。YouTubeなのか、SNSなのか、おやつなのか、自分が弱いものを把握してください。

それらを把握したうえで、自分にとって大事なものはがまんせず、自分にとってどうでもいいことはがまんしやすいように環境を整えましょう。机が散らかっていると、それらが目に入って集中しづらいことが知られています。できればスマートフォンやタブレット端末も、勉強中は目に入らないところ、鍵がかかっているところにしまいましょう。お菓子も同様です。

このようにして、自分が実行機能をいつ使うかを考えてもらうのが大事なのです。最後に、アンケートの中で、次のように書いてくださった方がいました。

「がまんできないところが、自分の嫌いなところです。」

ですが、本書をお読みいただければ、がまんできない、そういうところも、10代の特徴であることがわかっていただけたと思います。そういう時期だと割り切って、自分を嫌いにならないでほしいと思います。

本章では、目標を達成する力の1つである実行機能についてみてきました。実行機能には、思考の実行機能と感情の実行機能があること、幼児期から児童期に発達し、青年期に一時的に低下することを説明しました。そのうえで、実行機能を鍛える方法や、うまく使う方法について解説しました。

次章では、目標を達成する別の力である粘り強さについてみていきたいと思います。

第3章　情熱をもって努力できる粘り強さ

粘り強さという能力

> 高校2年生になった。大学受験が近づき、本格的に勉強をする時期だと親や教師は言う。でも、特に行きたい大学もないし、将来の目標も具体的には見えてこない。目標が持てないから、努力する気も出てこない。それより今は、ダンスをもっと頑張りたい。プロのダンサーになれるとは思えないけど、ダンスは大好きだから、努力できる。なんで勉強については努力できないのに、ダンスは頑張れるんだろう。

10代で将来の目標に悩むことは一度や二度ではないでしょう。遠い将来について現実感をもって考えることは難しく、それよりは、目の前にあることや好きなことに没頭する。第3章は、そういう方に読んでほしい内容です。

第2章では、非認知能力の中でもその重要性が指摘されている実行機能についてみていきました。第3章では、実行機能と類似しているものの異なる能力である「粘り強さ」について紹介したいと思います。

粘り強さというと、10代の皆さんにはあまり好まれないかもしれません。令和の時代において、なんだか古臭い、昭和だか平成だかの精神論っぽい印象を与えるでしょう。たしかに、粘り強さにそういう側面があるのは否定できません。どのようなスポーツであれ、音楽や芸術であれ、指導者が最初からこのようなものを持ち出した場合は、理にかなった指導とはいいがたいでしょう。

ただ、多くの一流のスポーツ選手が、技術的な側面を準備した後に、最後に勝負を分けるのは精神的な部分であることを指摘するのもまた事実です。精神論偏重は誤りですが、最終的に大事になるのが精神的な部分であるという指摘にはうなずける部分もあります。

では、粘り強さとはどういうものでしょうか。

Q　そもそも、粘り強さって調べることができるんですか？

きちんと調べるためには、きちんと定義することが大事です。粘り強さを定義していきましょう。

粘り強さと最も関連が深い心理学概念として、グリットというものがあります。グリットは、目標に向けて努力を続ける力であり、その情熱も含む概念です。

この能力には、大きく2つの特徴があります。1つは、実行機能と同様に、目標を達成するために必要だという点です。特に、大きな目標や長い期間を要する目標を達成するために必要な力です。これが粘り強さに該当します。もう1つは、その情熱や動機づけまでも含むということです。単に目標を立てるだけではなく、その目標への情熱が大事だということになります。

わかりやすい例として、マラソンで考えてみましょう。マラソンは、42・195キロという非常に長い距離を走り続ける、困難を伴う競技です。目標は個人によって違うと思いますが、完走するという目標を立てる人もいれば、自己新記録を目指す人や、大会新記録を目指す人もいるでしょう。目標の内容は違えども、その目標達成に向けて淡々と粘り強く走り続け、目標を達成しようとする情熱を持つ人であれば、その目標を達成することができるでしょう。

グリットは、いくつかの質問で測定することができます（文献3－1）。粘り強さと情熱について、それぞれ質問があります。粘り強さについては、たとえば自分が頑張り屋であるかどうかが問われます。こういう質問に回答することで、粘り強いのか、そうではないのかを調べることができます。

また、情熱については、興味の一貫性とも呼ばれますが、目標を決めた後に変えるかどうかなどが問われます。これらの質問は、情熱のなさと関連するので、これらの質問に当てはまらないほうが目標への情熱が強いということになります。

本書では、粘り強さという言葉で説明していきますが、意味合いとしてはグリットとも関連するものとお考え下さい。

Q　実行機能も粘り強さも、両方とも目標を達成する力なんですよね。同じように思え

るのですが、違いはどこにあるのですか？

ご質問のように、粘り強さと実行機能は似ています。この2つの能力は異なるものなのですが、似ている部分もありますし、結構混同されてしまいます。この違いについて説明しておきましょう。

一般的な意味で使われる「がまん」という言葉は、粘り強さも実行機能も両方を含んでしまいます。「お菓子はがまんしなさい」というときは、お菓子に対する欲求を抑えなさいということで、実行機能の意味です。一方、スポーツで守勢に回った状況で「ここはがまんしよう」というとき、不利な状況を抜け出すために、粘り強く守備をしようという意味になります。言語によってはこの2つの意味のがまんを区別することもあるようですが、日本語では明確に区別されず、混同して使われています。

粘り強さと実行機能の違いの1つは、目標のレベルです。粘り強さは長期的な大きな目標を指すことが多く、実行機能は日常的な目標を指すことが多いようです。

たとえば、高校生が志望大学合格という目標を立てたとします。このとき、志望大学合格が長期的な大きな目標です。粘り強さの場合、この長期的な目標を達成するために、いくつかの小さな目標が付随します。たとえば、苦手な数学の成績を上げるとか、健康を保つとか、大きな目標を達成するために必要な目標です。粘り強さでは、長期的な目標と小さな目標の違いが明確であり、大きな目標を達成するために小さな目標があり、これらの目標を達成するために粘り強さが必要とされます。

一方、実行機能の場合は、このような構造、特に大きな目標と小さな目標のつながりがありません。日常的な目標、たとえば、ダイエットのためにケーキをがまんすること、などを達成するために必要な能力です。

また、これは個人的な見解ですが、粘り強さと実行機能のもう1つの違いは、どういう行動が選ばれるかです。自分になんらかの目標があるときに、2つの行動の選択肢があるとします。1つは、今やりたいけどやるべきではないこと。もう1つは、今特にやりたくないけど、やったほうがいいことです。テストでいい点を取るという目標があるときに、前者は、SNSをすることであり、後者は勉強することだとしましょう。

このとき、「やりたいけどやるべきではないこと」を抑えるために必要なのが実行機能です。一方、「特にやりたくないけど、やったほうがいいこと」を淡々とし続けるのが粘り強さです。

実行機能は、したいこと、もしくは、ついしてしまうことを制御して、目標を達成する能力です。ダイエットのために、ケーキを食べたいという気持ちを抑えたり、勉強をしているとついついスマートフォンを触りそうになるのを抑えたりするときに必要な能力です。

一方で粘り強さは、やりたくないことや、やるのに苦労することを淡々とするために、アクセルを踏むような能力です。受験のための暗記は最たる例でしょう。部活で必要とされるランニングや筋力トレーニングをするためにも必要になってきます。必ずしも「やりたくないこと」である必要はないのですが、それほどやりたいわけでもないことをやり続けるために粘り強さは必要です。

本書では詳述しませんが、近年、粘り強さが、パーソナリティ（性格）を構成する誠実性というものと類似しているという指摘がなされているため、誠実さのようなものだと考えるとイメージが湧きやすいかもしれません。

Q　勉強を粘り強く頑張れません。どうしたらいいですか？
勉強する気がでません。どうにかなりませんか？

粘り強さがどういうものであるかについてみてきましたが、粘り強さは、10代の皆さんの悩みの種でもあるようです。

今回得られたアンケートの中で、右記の質問も多数いただきました。このような思いを抱いている10代の皆さんは少なくないでしょう。小学校に入って、国語だの算数だのの授業が始まり、わけもわからぬままに、漢字のドリルや掛け算のドリルをやらされ、社会や理科や英語の授業が始まり、覚えることばかり増えていく中で辟易《へきえき》するなというのが無理な注文です。

中学受験や高校受験、大学受験において、特に行きたい学校がない人もいるでしょう。

友達と一緒の学校に行ければいいなと思うくらいなのに、家族や教師の勧めで、自分の意志とは関係なく塾に行くことになり、予習や復習に追われて遊ぶ暇もないということもあるかもしれません。

勉強というのは、それ自体が目的ではなく、手段であることが多いと思います。たとえば、科学者になるという大きな目標があり、その目標を達成するには大学の理学部に入学するという小さな目標があるため、勉強をする必要があります。もしくは、教師や弁護士になりたいという大きな目標があり、教育学部や法学部に入るという小さな目標があれば、勉強をすることの必要性は認識できるでしょう。

つまり、先述の通り、まず必要になるのが、大きな目標です。でも、目標があるだけではだめで、目標とその目標に対する情熱があることによって、粘り強さが発揮されます。逆に、目標がなかったり、目標への意識があまり高くなかったりする場合には、粘り強さを発揮することは容易ではないということになります。

勉強に関していえば、将来の大きな目標がない中で勉強を粘り強くやることは難しいということになります。もちろん、勉強自体が好きであったり、学ぶこと自体が好きであったりすれば、勉強を粘り強く進めることはできますが、そうではない方も多いでしょう。

将来につながる目標を立てることが大事だということになるわけですが、そう簡単に将来の目標を立てられるわけでもありません。情報技術の発展などにより、かつてないほどに社会の変化のスピードは増しており、子どものころにあこがれていた職業がなくなることもあれば、子どものころになかった職業も出てきているでしょう。筆者が子どものころにＹｏｕＴｕｂｅｒはいませんでしたし、もし今はＹｏｕＴｕｂｅｒにあこがれていたとしても、10年後や20年後にＹｏｕＴｕｂｅｒが残っているかどうかはわかりません。

また、将来の大きな目標を決めなさいと言っても、あまりに遠い目標を立てたところで、その目標と今勉強していることを結び付けることは容易ではないでしょう。結局のところ、目標をいくつかのレベルに分けて、小さな目標を立てるということが大事になってくるのです。

Q　粘り強さは学力に関係しますか？

粘り強さに興味を持った方からは、このような質問をいただきます。受験勉強では、様々な内容を記憶する必要があります。漢字や英単語の暗記や、公式の暗記、歴史の年号の暗記、歴史的人物やその人と関連するイベントの暗記、元素記号などの暗記。表現力や思考力ももちろん必要ですが、10代の方々が臨む勉強において、暗記は中心的な役割を果たします。

これだけコンピュータや人工知能が進展している現代において、知識の詰め込みにどれだけ意味があるのかという意見も聞かれます。確かに、細かい年号を覚える必要があるのか、滅多に使わない漢字や英語を覚える必要があるのか、疑問に思う部分もありますが、ある程度の基本的な知識を記憶しておくことは重要なことです。九九の掛け算をいちいち計算機を用いるのは非効率ですし、歴史上の出来事の時系列を把握しておくことは必要なことでしょう。

しかし、暗記は容易なことではありません。コンピュータのように、入力した情報をそのまま「保存」ボタンを押して記憶できれば楽なのですが、人間の脳は、コンピュータのようにそのまま記憶することに優れているわけではありません。

具体的な記憶術を紹介することは本書の目的ではないので、別の専門書に譲りますが、ここで述べたいのは、暗記には粘り強さが必要だという当たり前の事実です。

たとえば、英語のスペルの正確さを競う、スペリング・ビーという大会があります。英語は、他の言語と比べても、スペルが不規則であるため、正確に暗記する必要があります。読者の皆さんも、英語の単語を学ぶときに、苦労した記憶があるでしょう。

この大会は世界各地で開かれていますが、この大会で上位に行くためには、様々な単語のスペルを正確に記憶する必要があります。

そして、スペリング・ビーで上位に入る出場者は、そうではない出場者に比べて、粘り強さが優れているということが報告されています。このような研究結果から粘り強さが注目を集めるようになってきました。

粘り強さが暗記と関連するのであれば、学力とも関連する気がしてきますよね。実際に、粘り強さが学力に関連することが様々な研究から示されています。

粘り強さと学力に関しては、やはり世界中で関心が高いようで、膨大な研究がなされています。たとえば、アメリカの高校生を対象にした研究では、粘り強さの得点と、読解と数学から構成される学力の間に関連があることが示されています。さらに、粘り強さの得点は、その生徒が後に高校を卒業する確率と関係することも示しています。逆に言うと、粘り強さの得点が低い生徒は、高校を退学する可能性があるということになります。

個別の研究だと、粘り強さが学力と関係していることを示すものもあれば、両者に関係がないことを報告するものもあります。様々な研究知見を統合したメタ分析によると、あまり強い関係ではないものの、粘り強さと学力の関連が示されています。いくつかのメタ分析の結果では、一貫して、グリットを構成する粘り強さと情熱のうち、特に粘り強さのほうが学力と関連することを報告しています（文献3－2、3－3）。この関連性は、高校生以下のほうが大学生以上の年代より強く見られることも報告されています。

ここで紹介した研究のほとんどが国外の研究なので、最後に、国内の研究にも触れておきましょう。この研究は、教員採用試験に挑む大学生を対象としています。教員採用試験は、一次試験は主に筆記試験で、幅広い教養や教育の知識が必要となり、二次試験では面接や実技試験が課されることが多いです。

この研究では、粘り強さの高さが、教員採用試験の合格と関連するかを検討しました（文献3－1）。その結果、他の様々な能力を測定した中で、粘り強さの高さが教員採用試験の一次と二次の両方の合格に関連したようです。

読者の方には、教員採用試験に自分は関係ないと思われた方もいらっしゃるかもしれませんが、ここは長期的な目標の達成の1つの例だと思ってください。他の目標にも同じようなことが当てはまる可能性はあると考えられます。

スポーツなど勉強以外への影響

Q　粘り強さが関係するのは学力だけ？　部活とかは？

勉強の話ばかりしてうんざりしてきたころだと思うので、勉強以外の部活との関連についてみてみましょう。まだまだ研究は多くありませんが、粘り強さとスポーツの関連についても研究がなされています。

たとえば、ある研究では、オーストラリアのサッカー選手を対象に粘り強さとサッカー技術の関連を調べています。

サッカーといえば、世界で最も人気のあるスポーツの一つです。国内の競技人口は400万〜500万人、世界の競技人口は2億〜3億人と推計されています。

サッカー選手は収入も、他のスポーツと比べて高いようです。2022年のスポーツ選手の収入トップは、アルゼンチン代表のリオネル・メッシ選手であり、5位以内にサッカー選手が3人も入っています。日本国内でも、選手寿命は長くないものの、プロ野球、プロゴルフと並んで、サッカーは年収が高いプロスポーツだと推計されています。サッカーを含めたプロスポーツ選手になるというのは、多くの人にとって、1つの大きな目標になっているでしょう。

話がそれましたが、オーストラリアの研究では、平均14歳の男性サッカー選手を対象にしました。彼らは地域代表に選ばれるような、いわゆるエリート選手です。

これらのエリート選手を対象に、粘り強さと、どれだけ練習や試合に取り組むかを評価しました。この取り組みは、大会への参加、コーチに用意されたチーム練習、個人練習、仲間との練習にどのくらいの時間費やしたかを調べています。

そして粘り強さや練習への取り組みと選手のサッカー技術の関係を調べました。サッカー技術は、1つは試合中のある場面においてある情報を与えられたときに、次にどのようなプレーを行うかの判断能力であり、もう1つは、ある特定の状況でボールを持った選手がどのようなプレーを行うか予想する能力です。どちらも、ボールを扱う技術そのものではなく、判断や意思決定能力を調べています。

その結果、2つの面白い結果がわかっています。1つは、粘り強さが高い人は、サッカーの判断や意思決定能力が高いことです。もう1つは、粘り強さが高い人は、練習に取り組む時間が長く、その結果として判断や意思決定能力が高いという結果です。

練習については、コーチに用意されたチーム練習への取り組みと関連しているようです。つまり、粘り強さが高い人は、コーチが準備した練習に熱心に取り組み、その結果として、サッカー技術が高いという可能性があるのです。

サッカー選手にはもちろんサッカー技術の才能はあるのだと考えられますが、やはり粘り強さによって、その才能はより磨かれる可能性が示唆されます。

日本国内を対象にした研究でも、個別のスポーツを対象としているわけではないのですが、高校生までの運動部の経験と粘り強さの高さの関連を調べたものがあります。その結果、スポーツの経験がある参加者は、そうではない参加者よりも、粘り強いという結果が示されています。運動経験が粘り強さに影響を与えたのか、粘り強い人がつらい運動部をなんとか乗り切れたのか、この研究ではわかりませんが、スポーツと粘り強さは関連するようです。

スポーツ以外にも、粘り強さは、精神的な健康状態や職場での成績などとも関連することが報告されています。

Q　勉強は粘り強くできないけど、部活なら粘り強くできるのはなぜですか？

ここまで取り上げてきた粘り強さは、どのようなことにもかかわるものを想定してきました。つまり、勉強であれ、スポーツであれ、粘り強い人は粘り強く、そうではない人はそうではないという全般的な粘り強さです。

ですが、この質問のように、勉強には熱心に取り組めないけど音楽なら一生懸命になれるとか、授業中は寝てばかりだけど、部活の時間が始まったらとても真剣になるとか、そういう方も少なくないかもしれません。

最近の研究では、全般的な粘り強さとは別に、個別の内容についての粘り強さに関する調査も進められています。勉強についての粘り強さや、スポーツについての粘り強さなどのように、個別の分野に限った粘り強さです。勉強やスポーツなどの個別の内容は「領域」と呼んだりしますが、この点は次章で詳しく説明します。

細かく見ると、勉強でも、国語と数学では異なるかもしれませんし、スポーツでも、たとえばマラソンと球技では異なるかもしれませんが、現時点では、「勉強」や「スポーツ」など比較的大雑把なくくりになっています。

最近の研究によると、スポーツ選手は、勉強についての粘り強さよりも、スポーツについての粘り強さのほうが高いようです。逆に、スポーツよりも勉強が得意という人にとっては、スポーツの粘り強さよりも勉強の粘り強さのほうが高いということになるのかもしれません。

これらの研究の結果を受けると、もし勉強に対して熱心になれなくても、自分にとっての得意分野、たとえばスポーツや音楽、芸術に熱心になれるのであれば、そちらに力を入れるというのも大事なことだと考えられます。どうしても勉強が重視されてしまう世の中ですが、ＹｏｕＴｕｂｅやＳＮＳなどを駆使すれば、勉強以外の能力で存在感を発揮しやすい世の中になりました。

ただ、熱心になればなんでもいいわけでもないのもまた事実です。自分の将来の目標が何であるのか、その目標は現実的であるのか、そして、その大きな目標にとって自分が熱心に取り組むことがどのように関連するのか（先述のような長期的な目標につながる小さな目標になっているのか）、しっかり考えていただきたいと思います。

Q 粘り強さは、家庭環境に影響されますか？

粘り強さの重要性について説明をしてきたので、どのようにしたら粘り強さを高められるのか、という点に興味を持たれる方もいるでしょう。この点を考える上で、そもそも、粘り強さがどのようにして育まれるのか、赤ちゃんのころから見てみましょう。

粘り強さ自体は、生まれて早い時期から見られます。赤ちゃんの行動を見てみると、赤ちゃんは総じて飽きっぽいのですが、その中でも玩具で遊び続ける子もいれば、すぐに飽きてしまう子もいます。早くから個人差が出てくるのです。

赤ちゃんの粘り強さの発達には、周りの大人の行動が影響を与える可能性を示す非常に面白い研究が報告されています。この研究ではまず赤ちゃんに、大人の実験者が箱に入っているおもちゃを取り出そうとする様子を見せます。条件は3つあって、1つ目は大人の実験者が苦労しながらも頑張っておもちゃを取り出すエフォート条件（努力する条件）。２つ目は、大人の実験者が楽におもちゃを取り出すエフォートなし条件。３つ目は、何も見ないベースライン条件（基準となる条件）です。

　この後に、大人の実験者が、ボタンを押すと音が鳴るおもちゃを取り出し、実際に音が鳴る様子を示し、そのおもちゃを赤ちゃんに渡します。ここで大事なのは、赤ちゃんがボタンを押しても音が鳴らないようになっている点です。鳴らない音をどれだけ長い時間鳴らそうとするかが粘り強さを示すと考えられています。長い時間頑張るほど、粘り強いとみなされるのです。

　もし周りの大人の頑張りが赤ちゃんの頑張りに影響するのなら、エフォート条件は、他の条件と比べて、長い時間音を鳴らそうと努力するはずです。実験の結果、実際に赤ちゃんはそのような行動を示しました。周りの大人の背中を見ているということでしょう。

　別の研究では、子どもが頑張っているときに、大人が邪魔をしてはいけないことも示されています。この研究では、子どもが粘り強く頑張って、でも難しそうな課題をやっている状況を設定しました。子どもが頑張っている途中でその課題を大人が引きついで代わりにやってしまうと、そうでない場合よりも、子どもは粘り強くなくなることが示されています。子どもの頑張りを邪魔してはいけないようです。

また、子どもの粘り強さに大人のかかわりは大事そうだという研究も報告されています（文献3－4）。特に、保護者を含めた大人の声掛けが大事なようです。子どもへの褒め言葉にも、色々な種類があります。特に、ここでは、2種類紹介しましょう。

1つは、能力をほめる言葉です。たとえば、何か子どもが上手にできたときに「あなたは賢いね」というように褒めることです。もう1つは、頑張りを褒める言葉で、たとえば、「よく頑張ったね」という言葉です。

ある研究では、親子で子どもにとって少し難しい課題に取り組んでもらいました。そのときに、子どもが難しい課題にどれだけ長い時間取り組むかが、粘り強さを表すと考えられます。また、この課題のときや一緒に絵本を読んでいるときの親子の会話を分析し、能力を褒める言葉や頑張りを褒める言葉の数を数えました。

その結果、親の発する頑張りを褒める言葉の数と子どもの粘り強さに関連があることが示されています。また、能力を褒める言葉と粘り強さには関連がないことも示されています。つまり、頑張りを褒めると、子どもは粘り強くなるようです。

Q 粘り強さを自分で伸ばすことはできますか？

　では、なぜ、頑張りを褒めると子どもは粘り強くなるのでしょうか。いくつかの可能性がありますが、子どもの動機づけや心構えに影響を与える可能性が指摘されています。頑張りを褒める言葉を多く聞いた子どもは、自分が何かの課題でうまくいった場合に、その理由が努力や頑張りにあると考えるようになります。保護者の褒め方は子どもが成長してもそれほど変化しないので、頑張りを褒められる経験が蓄積されることで、子どもは努力や頑張りを重視して、粘り強くなっていくという考えです。

　このような考えは、マインドセットという概念と関連してきます。マインドセットには大きく2つの種類があります。成長マインドセットと固定マインドセットです。成長マインドセットとは、知能などの能力や性格が成長する、変化するという考え方です。一方、固定マインドセットは、能力や性格が固定されたものであり、変化しないものだと考えることです。

たとえば、皆さんが勉強につまずいたときに、どのように考えるでしょうか。成長マインドセットの人は、頑張ればもっといい成績がとれると考えます。一方、固定マインドセットの人は、才能がないと考えます。才能がないので、頑張ってもしかたがないと考えるのです。

保護者の褒め言葉について考えてみると、能力を褒める言葉を聞くと、子どもは生まれつきもった能力を褒められていると考えるかもしれません。そのため、子どもはあまり粘り強くなくなり、成長マインドセットにつながりません。

一方、頑張りを褒める言葉は、努力を褒めているので、成長マインドセットにつながるのです。事実、幼いときに保護者が頑張りを褒めると、その子どもは能力や性質が変化しうると考えるようになることが示されています。

この話を聞いて、10代になったらもう取り返しがつかないのかと心配になった方もいらっしゃるかもしれません。まだまだ研究は途上ですが、10代以降でも、マインドセットは変化する可能性が一部の研究で示されています。

様々な研究がありますが、現代的に、オンラインでマインドセットに働きかける介入方法を紹介しましょう（文献3－5）。この研究では、アメリカの1万人以上の中学生を実験群と統制群に分けました。実験群は、成長マインドセットの基本要素について説明をした後に、能力は努力や学習方法、適切な助けによって成長するという内容を伝えました。

次に、中学生自身にこの考えを深め、日常生活に応用するように促したのです。このとき重要なポイントとして、努力すべき、学習方法を改めるべき、と押し付けるのではなく、努力や学習方法の変化が中学生の能力を成長させ、目標の到達を促す一般的なやり方だと伝えたのです。

一方、統制群は、実験群のようなマインドセットに関わるような話は含まれず、脳の働きについての話をききました。

その結果、まず、統制群と比べて、実験群において、マインドセットに変化が生じました。より成長マインドセットになったのです。また、学力にも影響があり、数学や科学などの教科や全体的な学力が実験群において向上しました。

さらに、学校の影響も調べています。わが国でも、学校間で学力に違いがある場合があります。ある学校は全体的に学力が高く、別の学校は低いといった具合です。学校全体の学力の影響を調べたところ、学校全体の学力が低い学校において、実験群と統制群の差が大きかったのです。

この研究は、マインドセットへの介入が有効である可能性を示しています。特に大事な点は、教師がそういった介入をする必要がないということです。教師の皆さんが極めて忙しいことはご存じのとおりです。授業や生徒指導、保護者対応や部活などの業務に加えて、休みの日も研修に次ぐ研修で、ゆっくり休む暇も、じっくり考える余裕も十分ではありません。先生方の時間を取らずとも、オンラインで、ビデオ学習をするだけで、自分のマインドセットを変えることができるかもしれません。ついつい自分の生まれ持った才能のせいにしてしまいがちな人は、ぜひマインドセットについて学んでみてください。

本章のまとめと心がけてほしいこと

では、当事者である10代の皆さんが粘り強さを自分で伸ばすためにはどうしたらいいでしょうか。ここまで述べてきたことを踏まえて、心がけてほしいことをまとめてみましょう。

まず、粘り強さを発揮できる状況を作る必要があります。その第一歩は、長期的な目標を見つけることです。長期的な目標を達成するために勉強や練習に粘り強く打ち込めるようになります。ですので、勉強の先にある目標、練習の先にある目標、そういうものを見つけましょう。

目標が見つからない方は、焦らなくていいので、目標となるようなことを探しましょう。家族と話したり、友達と話したり、ＹｏｕＴｕｂｅを見たり、ＡＩに聞いてみたりしながら、自分が得意であることと自分が好きなことの折り合いがつく大きな目標を見つけましょう。

そして、大きな目標が見つかったら、その目標を実現可能な小さな目標に細分化しましょう。実現不可能な目標のために頑張ることは難しいものです。それぞれの目標をどのようにしたら達成できるかを考え、その目標のために頑張りましょう。

また、成長マインドセットが大事だという話をしました。努力すれば、頑張れば、成長できるというマインドセットを持つように心がけましょう。そして、自分は頑張れるんだ、努力家なんだということを意識するように努めましょう。

ここで難しいのが、成長マインドセットを持ったり、努力家だと意識したりすることを継続することです。この本を読んだ直後は意識できても、ご飯を食べてお風呂に入ったころには、すでに忘れてしまっているかもしれません。スマートフォンでリマインドしたり、目につく場所に何か書き記したりしておくなり、方法を考えていただければと思います。また、実行機能と関連する部分もあるので、運動やスポーツなどによっても、鍛えられる可能性はあります。

こういったものを組み合わせて、粘り強さを持ち、それを維持してほしいと思います。

本章では、粘り強さとその育み方や伸ばし方について説明してきました。粘り強さは実行機能とは異なること、粘り強さにも全般的な粘り強さと個別の粘り強さがあることを紹介しました。また、目標をはっきりさせたり、成長マインドセットを持ったりすることによって、粘り強くなる可能性を示しました。

次章では、目標を達成する力とは異なる、自分に向き合う力についてみていきたいと思います。

第4章　課題を自分は解決できるという自信

自分に自信が持てず苦しい

私は、勉強がそこそこできる。特に、国語と英語には自信がある。子どものころから絵本が好きで、その延長で、ハリーポッターとか、外国の物語にも興味があったせいかもしれない。でも、数学には自信がない。方程式を見ただけでアレルギーが出そう。三角関数とか本当に意味がわからない。あれってなんの役に立つんだろう。友達に自信満々な子がいるけど、なんであんなに自信過剰になれるのか、不思議でたまらない。

第2章と第3章では、目標を達成するための能力である、実行機能と粘り強さについてみてきました。この力は、10代の皆さんが直面する、衝動的になりやすいという点に対応するための力です。

第4章は、自分と向き合うための力の話です。冒頭のようなことを誰しも感じたことはあるでしょう。本章は、そのような力の1つである、自己効力感について紹介していきたいと思います。

Q　自分に自信がないです。どうしたら自信を持てますか？自分のことが嫌いです。どうしたら自分を好きになれますか？

アンケートの回答では、自分についての悩みのうち最も多いのがこの2つでした。全般的に自分に自信がないという回答もあれば、勉強や部活などの特定の内容について自信がないという回答もありました。第1章でも触れたように、小学生くらいから、私たちは周りの誰かと自分を比べるようになります。自分のテストの成績が友達より良いとか、足が遅いとか、そういうことばかりが気になってしまいます。

さらに、青年期に入ると、今度は他人にどう思われるかが気になってしまいます。自分はグループの中で浮いていないか、空気の読めない人間だと思われていないか、というようなことばかり考えてしまいます。このような傾向自体は、人間の発達の筋道に自然に出てくることなので問題ないのですが、こうした比較や自分への評価を通して自分に自信を持てたり、持てなかったりします。

また、自分のことが好きになれないという回答も多く寄せられました。もっと魅力的な顔だったらいいのに、もっと頭がよかったらいいのに、と、内容は個々人で異なるでしょうが、誰しも一度は現在の自分の姿と理想的な自分の姿とのギャップについて悩むでしょう。

以下では、これらの問題についてみていくことになりますが、特に勉強などの特定の課題について「自分に自信がない」ことと関連するのが自己効力感で、「自分のことが好きになれない」ことと関連するのが自尊心です。似たような概念に思われるかもしれませんが、両者は区別されます。ここでは、主に自己効力感に焦点を当てますが、自尊心との違いについても説明していきます。

Q　自己効力感ってあまり聞いたことがありませんが、どういうものですか?

自己効力感という言葉は、実行機能と同様に、あまり聞きなれない言葉かもしれません。自己効力感は、ある状況で必要とされる行動を効果的にできると思えるか、課題を達成できると思えるか、ということです。

皆さんの学校で、来週に数学のテストがあるとします。テストでは二次関数と三角比の問題が出ることになっています。でもあなたは、二次関数や三角比に苦手意識があり、このテストをうまく遂行できる自信がありません。一方で、あなたの親友は、二次関数や三角比の問題を、公式を使って正しく解けるという自信があります。

この場合、あなたの親友が持つ自信が自己効力感です。あなたとあなたの親友のどちらがよい成績を取ると考えられるかというと、それはもちろんあなたの親友である可能性が高いでしょう。ただし、大事な点として、自己効力感は、数学の能力そのものではありません。そうではなく、能力によってあなたができるという信念であり、自信のことを指します。

このように、ある課題や状況における行動について、自分がどれだけ自信を持っているか、確信があるのか、という程度のことを自己効力感と呼ぶのです。

自己効力感には、大きく、特定の内容に限定されない一般性自己効力感と、特定の内容についての自己効力感の2つに分かれます。一般性自己効力感は、全般的にどのような課題や行動であれ自信がある、という傾向があるかどうかを測定します。一般性自己効力感の質問紙は商用になっているため具体的な質問内容について書くのは控えますが、どのような課題に対しても自信がある人を思い浮かべてもらうとわかりやすいかもしれません。

Q　全般的に自信があるというのがピンときません。勉強や部活など、個別の内容に自信があるというならわかりますが……。

確かに、全般的に自信があるという一般性自己効力感が高い人ばかりではありません。勉強とか、部活とか、個別の内容に自信があるという人のほうが多いでしょう。このような、特定の内容に限定された自己効力感は、領域固有の自己効力感と言います。こちらについては、学力に関する自己効力感がよく研究されています。興味深いのは、学力全般の自己効力感だけではなく、さらに細分化された数学特有の自己効力感というものがあり、学力全般の自己効力感と数学特有の自己効力感は区別される点です。

ここで、どのようにして一般性自己効力感と領域固有の自己効力感が区別されるのかについて説明しておきます。前章でも少し触れましたが、心理学には、領域という考え方があります。ここでの領域とは、私たちの心や脳の中にある、特定の課題のことを指します。たとえば、社会性というのは対人関係の課題を解くための能力ですし、生物の知識というのはヒトを含めた様々な動物や植物にかかわる問題を解くための能力ですし、物理の知識というのは生物以外の物体に関する問題を解くための能力です。

大事な点として、これらの領域の能力は、独立しているということです。万有引力の法則を発見した物理学者のニュートンは、「天体の動きは計算できるが、人の狂気は計算できない」という言葉を残していますが、これは、物理法則と人間の心が異なった領域に属する問題であることを示唆しています。

学力の話に戻ると、たとえば数学と国語という教科を考えてみると、2つの教科で必要な能力は、必ずしも同じではありませんよね。実際、両方とも得意、もしくは両方とも苦手という方もいるとは思いますが、どちらかだけ得意という方も少なくないと思います。両者は別の領域に属すると考えられます。生物や物理も同様です。

また、数学固有の自己効力感が学力全般の自己効力感と区別されるのは、データ分析からもわかります。数学特有の自己効力感についての質問紙と、学力全般の自己効力感の質問紙を作って、それらの結果が同じものと考えたほうがいいのか、別のものと考えたほうがいいのかについて分析をすると、別のものと考えたほうがいいという結果が得られています。

学力の中でも数学について特に研究が進んでいるのは、世界各国で数学への支援が大きな課題となっているためです。後で述べるように、学力について、自己効力感を持てるようになることが、学力の向上につながると考えられています。

これ以外には、健康にかかわる行動についての自己効力感も研究が進んでいます。たとえば、米国では、肥満が大きな健康問題になっています。わが国も、アメリカほどではないにしても、肥満や血圧などは10代の皆さんの保護者世代などでは大きな健康問題になっています。

そのため、健康な食生活のための自己効力感は大きな関心事になっており、健康な食品を取れると思えるかなどを問い、自信を高めるための支援をしていくことになります。たとえば、「全粒粉のプレッツェル、ポップコーン、果物、野菜など、繊維質の多いスナック菓子を選ぶ」という質問に対して頑張ればできると思えるかを問います。スナック菓子をやめるのではなく、普通のスナック菓子よりは健康にいい全粒粉のスナック菓子を選ぶんかい！と突っ込みたくなる気持ちはわかりますが、あまり性急な変化は逆効果なのでこういうやり方になるようです。

領域固有の自己効力感が大事なのは、それが上がることで、一般性自己効力感も上がる可能性があるという点です。1つのことに自信が持てることで、その自信が他のことにも波及するという経験をしたことがあるかもしれません。何か1つでも自己効力感を持つことが大事になりそうですね。

Q　自尊心（自己肯定感、自尊感情）なら聞いたことがありますが、自己効力感とは違うのですか？

次に右記の質問のように、自己効力感と類似した概念である自尊心の違いについて説明しておきましょう。ここまで説明してきたように、自己効力感はなんらかの課題に対して自信があることを指します。一方、自尊心は、自分のことをどの程度肯定的にとらえられるか、好きか、もしくは、自分は価値がある人間だと思っているかということです。

自己効力感と自尊心は、基本的には異なる概念です。両者は、ときには関係するし、ときには関係しません（文献4－1）。どういうことでしょうか。

例を出して考えてみましょう。皆さんにとって大事な領域はなんでしょうか。たとえば、筆者自身にとっては、研究はとても大事な領域ですが、マラソンは大事な領域ではありません（ジョギングは好きですが）。皆さんにとっては、大事な領域は数学かもしれませんし、英語かもしれません。もしくは、それは勉強ではなく、サッカーかもしれませんし、ダンスかもしれません。

ある人にとって、サッカーはとても大事な領域である一方、勉強全般があまり大事ではない領域だとしましょう。サッカーに対して自己効力感があること、つまり、自信があることは、自尊心にもつながります。これは、自分にとって大事な領域であるサッカーに自信があることで、自分のことを肯定的にとらえられるからです。

一方、この人にとって、勉強に対する自己効力感は低いとしても、それ自体は特に自尊心には影響を及ぼさない可能性が高いでしょう。自分が重視していないことでうまくできなくても、自信がなくても、自分を嫌いにはならないためです。

つまり、陸上競技が自分にとって非常に重要であれば、陸上競技に対する自己効力感は自尊心に大きく影響しますが、陸上競技が自分にとってまったく重要でなければ、陸上競技に対する自己効力感はおそらく自尊心にほとんど影響を及ぼさないでしょう。

このように、自分自身について肯定的に感じられるかどうかは、自分にとって重要な領域でうまくやれるかどうかという、その領域における目標を達成する能力に対する自信に大きく影響されるのです。

自己効力感の高め方

Q 自己効力感はどうしたら高まりますか？

では、自己効力感はどのように生じるのでしょうか。この点はとても気になるところだと思いますが、理論上、４つの要因が考えられています。

まず、当たり前ですが、「成功体験」です。たとえば、前回の数学のテストでよい成績をとれた場合、次の数学のテストにも自信をもって臨めるでしょう。同様に、バスケットボールの3ポイントシュートが入る確率が前回の試合で高かった場合、次の試合も3ポイントシュートを決められるという自信を持てるはずです。

また、「他人の説得」も自己効力感を生じさせると考えられています。たとえば、尊敬する指導者から、ダンスの練習を一生懸命頑張れば次のコンテストで入賞できるよと言われると、自信がつくでしょう。

ただ、誰の言葉でも同じ重みをもつわけではないのもまた事実です。あまり信頼していない指導者や、ダンスに全然詳しくない友人や家族に頑張ればうまくいくと言われても、あまり自己効力感にはつながりません。あくまで、信頼している人、尊敬している人、その道の専門家、そういう人の言葉が重みをもつようです。

他にも「代理経験」というのもあり、これは自分と同じような立場の他人の成功体験が、自分の自己効力感を生じさせてくれることを指します。たとえば、自分と同じくらいの学力の友達や知り合いが、自分より先に受験した高校や大学に合格したとします。その場合、自分も、受験でうまくいくかもしれないと思えるでしょう。このように、自分の代わりに他人がうまくいった場合にも、自分に自己効力感を生じさせてくれることがあります。

もちろん、どのような他人でもいいわけではありません。自分よりだいぶ学力が高い人が受験でうまくいっても、自分よりもだいぶプレーレベルが高い先輩がサッカーの試合でいい結果を残しても、自分の自己効力感をあげてくれるわけではありません。先輩すごいな、で終わってしまいますよね。あくまで、自分と同じレベルの人の達成や成功体験が大事だということです。

最後に、「感情の状態や身体感覚を自覚すること」も自己効力感と関係するようです。たとえば、授業で発表することを考えましょう。アンケートの中でも、人前での発表は緊張する、苦手という10代の方がたくさんいらっしゃいました。このような発表中は心拍数が上昇したり、呼吸が乱れたり、汗をかいたりするなど、生理的な反応が起きるでしょう。

これらの反応自体は、体のストレス反応の一部なので、もちろん問題はありません。ですが、たとえばこれらの生理的反応を、不安で自分の発表がうまくいっていないようにとらえてしまうと、自己効力感は低下してしまいます。一方で、楽しい活動をしているときに感じる興奮のように、生理的反応をポジティブにとらえられることもあります。要するに、生理的な反応をどのように解釈し、どのように対応するかによって、自己効力感が影響を受けてしまうのです。

このように、主要な要素としてこの4つが自己効力感に影響を与えると考えられています。ただ、後で述べるように、どの要素が大事かは、自己効力感の領域にもよります。

自分の得意を認識して発達する

Q自己効力感は何歳あたりから発達するのですか？

次に、自己効力感が年齢とともにどのように発達していくかについてみていきましょう。自己効力感は非常に早い時期から発達し始めると考えられますが、確実にみられるのは幼児期くらいからです。第1章でも触れたように、自分という考え方が出てくるのは2歳くらいからですが、それ以降、子どもは昨日の自分と比較した自己概念を形成します。

その際に、自分は何が得意で、何が不得意であるかを認識するようになります。たとえば、読書や算数、外見や身体能力に関して質問すると、「私は読書は得意だが、算数は苦手」のような認識を持つようになります。ある領域についての自信を持つようになってくるのです。

幼児期には、全般的に自信があり、たとえば保護者や教師からみた自信度とは一致しないのですが、児童期頃になってくると、子ども自身の自信度と、保護者や教師から見た自信度が一致するようになってきます。子どもが自分を客観的にとらえられるようになってくるわけです。

自己効力感は一度形成されたらずっと一定というわけではなく、生涯を通じて様々な経験をすることで変化します。当然のことながら、子どもが幼いうちは、家庭環境の影響が重要となってきます。

家庭環境も様々で、収入や教育・子育て、社会的つながりにおいて差があります。これらの資源が十分にある家庭では、子どもは様々な体験や機会を得ることができ、成功体験も得ることが多いでしょう。このようなことを通して自己効力感を高めやすいのです。一方、これらの資源が十分ではない家庭においては、自己効力感が高まりにくいようです。

また、青年期には、友人の存在もまた自己効力感に重要な影響を与えるようになります。10代において友達はとても重要です。自己効力感についても、友達の影響は、良くも悪くも、様々な形で現れてきます。

一般に、自分と類似した人と友達になることが多いことが知られています。この傾向は特に日本人のようなアジア人においては強いようです。話が合わない人よりは、たとえば、音楽でも、ゲームでも、小説でも、なんらかの共通点があったほうが話ははずみますよね。

こういう友達からは様々な影響を受けます。勉強に熱心でない仲間とつきあう若者は、勉強に関する自己効力感が低下する傾向があります。朱に交われば赤くなるではないですが、勉強していない友達を見ると、自分もまあいいか、となってしまいますよね。

一方で、もちろん友達から良い影響を受けることもあります。先述の通り、代理経験は自分に自己効力感を与えてくれます。自分と似たような能力を持つ友達がうまくいっている場合、学力に関する自己効力感は上昇します。

大事なこととして、小学校から中学校に進学する際に、学校への適応に苦労する可能性が指摘されています。友達はもちろん、制服や校則などの新しい環境の変化や学習内容の難易度に戸惑う方もいるでしょう。実際、中学校に入る際に、自己効力感が低下することは様々な研究で示されています。

Q 男の子のほうが自己効力感や自尊心は高い気がします。

このご意見のように、自己効力感に性差があるのではないかと感じる人もいるでしょう。たとえば、勉強もできて、外見もよいのに、いつも自信がなさそうな女子生徒を思い浮かべる人もいるかもしれません。

性別の問題は非常に複雑で、生物学的な性別に基づいてのみ女性、男性と分けることはできません。生物学的な性別と本人が自認する性別は必ずしも一致しませんし、性的対象として見る性別が、自分と異なる生物学的性別であることもあれば、自分と同じ生物学的性別であることもあるためです。

特に青年期は、自身の性別と向き合う時期です。体内の性ホルモンの濃度が急上昇し、いわゆる第二次性徴を経て、身体的に女性もしくは男性らしい特徴を備えるようになります。このときに、自分が自認する性別と、身体的な性別にギャップがある場合に、精神的に苦しむ方も少なくありません。

こういう点を留意しつつも、研究が多いのは、あくまで生物学的な性別の分類に基づいた自己効力感の性差です。性別に関しては、様々な結果が得られていて、個別の研究を見ると、女子生徒の自己効力感が高いという研究、男子生徒のほうが高いとする研究、性差がないとする報告もあります。

そのため、様々な研究のデータを含めて分析したメタ分析の研究によると、全般的に差は小さいものの、少しだけ男性の自己効力感が高いことが報告されています（文献4－2）。

特に学力に焦点をあてたメタ分析の研究によると、男子生徒のほうが自己効力感は高いようです。ただ、これは教科にもよるようで、数学やコンピュータなどでは男子生徒の自己効力感が高く、国語や美術などの科目は女子生徒のほうが高いという結果になっています。

興味深いのは、年齢によって性差が異なる点です。数学についての研究が多いので、数学について考えてみると、14歳以下では数学についての自己効力感の性差は見られていません。15歳以上、つまり、高校生くらいになってから自己効力感の性差が見られるようになるということです。

一般に、数学は男性のほうが得意というある種のステレオタイプがありますが、筆者らの研究からこのようなステレオタイプが出てくるのは小学生くらいからであることがわかっています。こういうステレオタイプが実際の学力や自己効力感につながってくるのかもしれません。そういう意味で、早期から算数や数学への苦手意識を女性が持たないことが大事なのだと考えられます。

自己効力感と学校の成績

Q　勉強ができるから自信がでるのであって、自信があるからって勉強できるわけではないのでは？

ここまで、自己効力感について説明をしてきましたが、自己効力感はあくまで自信であり信念、つまり、思い込みです。この思い込みが、実際の行動や能力とどのようにかかわってくるでしょうか。この点を学力について考えてみましょう。

実際の学力と、学力に関する自己効力感についてはまた膨大な研究がありますが、それらをまとめたメタ分析からは、両者には関係があることが示されています。つまり、ある生徒の学力が高いと、その生徒の学力に関する自己効力感も高いということです。

問題となるのは、どちらがどちらに影響を及ぼすかという点です。つまり、学力が高いから学力に関する自己効力感が高くなるのか、学力に関する自己効力感が高いから学力が高くなるのか、という点です。学力を高めたい保護者や教師の立場からすると、自己効力感を高めることが学力を高めることにつながるかに注目したくなります。

先に述べたように、ある種の成功体験をすることによって私たちは自己効力感を持つことができるようになります。そうすると、学力が高いと、その結果として学力に関する自己効力感が生じることになります。実際、学力の自己効力感はあくまで学力の副産物だと主張する研究者も少なくなく、このことを支持するデータは多数報告されています。

これだけだと、自己効力感を高めても、学力の向上につながらないような気がしてきますが、自己効力感の高さが学力や能力の向上につながることも示されています。たとえば、学力に自信がある生徒は、学校や授業で学習するためのモチベーションが高い傾向にあります。また、自己効力感が高い生徒は、自分の中での目標を達成すると、さらに高い目標を設定します。このことによって、勉強を頑張ったり、より難しい授業を受けたりするようになるなど、学校での成績の向上につながることも報告されています。

たとえば、皆さんが、他の科目には自信がないけど、歴史だけは自信があるとします。その場合、歴史についての能力には自信があるので、歴史について一生懸命勉強するでしょう。その結果として、次のテストでは満点をもらえるかもしれません。

このように、学力と学力に関する自己効力感は互いに影響を及ぼしあうようです。つまり、学力が高いと自己効力感が高まり、その結果勉強を頑張ってさらに学力が高まるということです。

メタ分析からも、このような結論はおおむね支持されています（文献4－3）。ただ、影響力としては、学力の高さが学力に関する自己効力感を生じさせる影響のほうが大きいようです。学力に関する自己効力感も学力に影響を及ぼしますが、その影響はそれほど大きくありません。

自己効力感が学力に影響を与えるとしても、当然のことながら実際の能力の高さも大事です。ですので、能力と自己効力感がそれぞれ学力に影響を与えると考えていただけるとよいでしょう。ある研究では、数学の能力と数学の自己効力感のレベルが異なる生徒のグループ間で、難しい数学の問題での成績を比較しました。その結果、平均的な数学の能力を持つ生徒のグループの中で、数学の自己効力感が高い生徒は、数学の自己効力感が低い生徒に比べて、20%正解が多かったのです。ただ、平均的な能力のグループと、平均以上の能力のグループを比較すると、その間にも20%以上の差がありました。

このように、学力と自己効力感、特に、学力に関する自己効力感にはそれほど強くないながらも、関係があるということになります。

Q　自己効力感はスポーツの成績とも関係ありますか？

次に、自己効力感とスポーツの関係について考えてみましょう。どのようなスポーツであれ、指導者は、選手に対して、自分の能力を信じるように伝えます。野球の試合で満塁のピンチを迎えたピッチャーであっても、水泳の個人メドレーを泳ぐスイマーであっても、「自分を信じろ！」というセリフは聞こえてきそうです。

このような言葉には科学的な根拠はあるのでしょうか。もちろん、ただ単純に自分を信じればいいというものではありません。練習もしない選手が自分を信じてもあまり意味があるようには思えませんし、指導者が大して指導もしないのに精神論だけを振りかざして自分を信じろといっても何を信じていいかよくわからないでしょう。

ですが、様々な研究が、やはり自己効力感を持つことは、スポーツのパフォーマンスに影響を及ぼすことを示しています。これは、プロのスポーツ選手であっても、アマチュアのスポーツ選手であっても、当てはまるようです。全般的に、自分の能力についてより強い自己効力感を持つアスリートは、弱い自己効力感を持つアスリートよりも良い結果を出すことが示されています。

競技も多様で、テニスやゴルフのような個人競技であっても、バスケットやサッカーのような団体競技であっても、同じように自己効力感を持つことが大事であるようです。

団体競技ということに関連すると、自己効力感だけではなく、集団の効力感というものもあります。集団効力感は、自己効力感を集団に拡張したもので、集団に共有される有能感や自信のようなものです。つまり、チームスポーツで、チーム内で共有される「俺たちは強い！」というやつです。個人的には、ラグビーであれサッカーであれ、試合前には相手チームが強く見えたものですが……。

集団効力感の高いチームは、集団効力感の低いチームよりも優れた成績を示すという結果もあります。特に、いわゆるチームワークを必要とするような競技において重要になるようです。国内の研究でも、ハンドボールやバスケットボールの集団効力感と、チームが大会で示す成績の間には関係があることが示されています（文献4－4）。練習試合などの成績が良く、それが集団効力感につながり、その結果大会でも成績が良いという可能性があると思いますが、集団効力感とチームの成績に関係があるという結果は興味深いところです。

本章のまとめと心がけてほしいこと

最後に、自己効力感を高めるために皆さんに心がけてほしいことを考えてみましょう。基本的には、先述のように、成功体験や他人の説得、代理経験などが自己効力感を高めるために必要だと考えられます。

運動に関する自己効力感を扱った研究では、特に、代理経験が有効であることを示しています。つまり、自分と同じくらいの実力を持った他人の成功体験を見ることが運動に関する自己効力感を上げてくれるようです。

また、自分の成績と他者の成績を比較して指導者からフィードバックを受けることや、自分の現在の成績と自分の過去の成績を比べて、その進歩についてフィードバックを受けることが運動に関する自己効力感を高めるようです。

学力については、教育心理学や教育現場では、自己調整学習という教育プログラムが注目されています。自己調整学習については教育方法に該当するので本書では詳細は避けますが、自己調整学習と関連して、生徒の自己評価が学力に関する自己効力感を高める可能性があります。自己評価とは、簡潔にいえば、自分の学習過程や学習成果を自分で評価することです。

最近のメタ分析によると、特に、自分の成績を記録して残すという自分のモニタリングが、学力に関する自己効力感を高めるために有効であるようです（文献4－5）。また、自己評価することが自己効力感を高める影響は、特に女子生徒において顕著であることも報告されています。

国内では、メンタルヘルス予防プログラムにおいて、自己効力感が高まる可能性が示されています。このプログラムは、不安やうつといった心の不調を予防するためのプログラムなのですが、授業の中で漫画を通して内容を学びつつ、討論を通して発展させて、自分や他人の感情について学び、考えていく内容です。

このプログラムを通して、自己効力感が高まるという結果が示されています。これは、メンタルヘルスのプログラムを受講することで全体的にポジティブな態度となり、それによって自己効力感が高まった可能性があります。

以上をまとめると、運動に関しては、同じくらいの実力の人がうまくいくことを見たり、以前の自分と現在の自分を比較して、成長した点を認めたりすることが大事なようです。学力に関しては、自分の成績を定期的に振り返ったりすることが大事ということになります。

本章では、自分に向き合う力の1つである自己効力感について紹介してきました。自己効力感は自尊心とは違うこと、学力やスポーツなどの領域ごとの自己効力感があることを紹介しました。また、領域によって成功体験や他人のアドバイスなどで向上する可能性があることを説明してきました。

次章以降では、他者の出すシグナルに対して反応しやすいという10代の特徴と関連する他人とつきあう力について紹介します。

第5章　自分と他者の感情を理解する力

感情について考えよう

今日も外してしまった。友達のあの表情、絶対怒っている顔だと思ったのに、違った。せっかく役に立とうと思ったのに、うざいって言われてしまった。他人の気持ちをわかるのは難しい。表情だけじゃなくて、色んなことを考えないといけないらしい。だいたい、自分と同じように友達が感じているかわからないし。

第4章では、自分に向き合う力を見てきました。第2章と第3章で紹介した、目標を達成する力と合わせて、ここまで見てきたものは、自分自身にかかわってくるものです。

ですが、私たちの世界には、当然のことながら、自分だけではなく、他人も存在します。皆さんが所属する学校はもちろんのこと、大人になると、仕事や地域など、様々な社会に所属し、そこに所属する他者とつきあっていくことが必要になってきます。本章と次章では、そのために必要な能力について考えていきたいと思います。

本章では、特に、感情（emotion）にまつわる能力ついてみていきたいと思います。心理学では、emotionを「情動」という言葉で表現することが多く、また、感情という言葉と情動という言葉の違いについては様々な議論がありますが、本書では、一般的な意味に近いものとして、感情という言葉を使っていきます。

「感情的」という言葉にみられるように、感情、特に、怒りや悲しみなどの感情は私たちの理性を乱すネガティブな存在としてとらえられることも少なくありません。ですが、この数十年の心理学の研究によって、感情についての見方は変わりつつあります。感情は場面によっては重要な役割を果たしますし、感情によって乱されると考えられてきた理性とともに、有益な行動を生み出すケースもあることが知られています。

このような感情は、自分と向きあうあうためにも、他人と付き合うためにも、とても重要な役割を果たします。自分と向き合うことはこれまでにも述べてきたので、ここでは、10代で特徴的な他人との付き合いについて説明しましょう。

Q　10代で他人とのつきあい方が変わるということでしょうか？

先述のように、10代では家族よりも友達や恋人が大事になるとともに、友達や恋人に受容されることに敏感になり、腐心するという大きな変化があります。また、前章まででみてきたように、自分に向き合い、自分について考えるようになります。このようなことを通じて、自分と他人の社会的なネットワークを構築していきます。このような時期を、一部の研究者は社会性の敏感期と呼んだりします。

敏感期とは、ある能力を獲得するために特別な感受性を持つ時期のことです。たとえば、言葉は、乳幼児期のほうが大人になってからよりも獲得しやすいと考えられています。もちろん、大人になってから言語を獲得できないわけではありませんが、乳幼児期と比べると難しいということになります。この例では、乳幼児期が言葉の獲得の敏感期だということになります。言葉以外でも、敏感期は、生まれて間もない乳幼児期を指すことがほとんどです。ところが、近年、10代の時期は、社会性の一部を獲得するための敏感期ではないかと指摘されています（文献5－1）。

その根拠として、先にも述べたような、友達が大事になるなどの社会的な環境の変化と、それに対応するために発達する社会脳といわれる脳領域の変化が挙げられています。社会脳とは、他者とのやりとりや他者理解に必要な能力に関与する脳領域のネットワークのことを指します。表情・しぐさの認識や他者の心の状態の理解、他人の真似などを可能にしてくれます。内側前頭前野、側頭頭頂接合部、上側頭溝などの脳内の複数の領域が関与している非常に複雑なネットワークです。

以下で詳しく述べるように、表情の理解や他者の心に対する感受性自体は、幼い子どもでも持っています。つまり、社会脳自体は、幼いころから機能していると考えられます。ですが、この脳内ネットワークは、発達するのに非常に時間がかかり、10代で大きな変化を遂げる可能性が指摘されています。

このような社会脳の変化により、社会環境から出されるシグナルに敏感になってしまうのではないかと考えられます。友達や恋人の表情やしぐさ、何を考えているのか、自分をどう思っているのか、自分のことを受け入れてくれているのか、そう見えるだけで実はそうではないのか。

現状では仮説の段階ですが、10代の皆さんに起きる社会性の変化を説明するには興味深い話だと思います。そのような社会性の獲得の敏感期に、皆さんがどのような悩みを抱えているのか、アンケートの回答を見てみたいと思います。

Q　友達がめんどくさくなるときがある。どうしたらいいですか？
ある友達と別の友達の間で板挟みになることがあって困ります。
友達グループ以外の人とのかかわり方がわからないので知りたいです……。
3人で歩くときのポジションが難しいです。どうしたらいいでしょうか？
仲良かった友達がクラスが別になったときの距離の取り方がわかりません。

第3章で紹介した「勉強を頑張れない」は、たくさんの人から同じような回答をいただきました。一方で、本章でかかわる人間関係についての悩みや質問は、非常に多岐にわたっています。

個別に見てみると、皆さんにも色々な悩みがあると思います。紹介した回答はいただいた中のごく一部ですが、いずれも友達とのつきあい方についての悩みです。仲が良い友達であっても、あまりに自分を独占しようとしたり、過ごす時間が長くなりすぎたりすると、距離を取りたくなる時もあるでしょう。

また、グループ内だけで通じる言葉や振る舞いに適応してしまった結果として、グループ以外の人とのコミュニケーションの仕方に悩むこともあるようです。3人で歩くときのポジションについては、本当に難しいですね。3人横に並ぶだけのスペースがない歩道で、前2人、後ろ1人なると、自分だけ1人になってしまうという不安、わかります。

このような友達とのつきあい方に共通するのは、以下のような悩みかもしれません。

Q　どうやったら他人の気持ちがわかるのか教えてください。

相手が求めている回答が何かわかりません。

友達であっても、家族であっても、他人は他人です。どれだけ時間を一緒に過ごしていても、その人の気持ちを完全にわかること、推測することは容易ではありません。状況によっても変わります。

ここではまず、感情そのものと、それを理解する能力がどのように発達していくかを見ていきましょう。

感情はどのように発達するのか

まず、感情そのものの発達を紹介しましょう。赤ちゃんや子どもがどのような感情を抱いているかは、言葉で聞くわけにもいかないので、赤ちゃんの表情や振る舞いなどで判断します。生まれたばかりの赤ちゃんにも、快と不快の区別くらいはあると考えられています。たとえば、甘いものを与えると快表情、苦いものを与えると不快な表情をします。

その後、快感情がうれしいという感情に発達し、不快感情は怒り、悲しみ、恐れ、などに発達していきます。このような、乳幼児期から見られる感情で、おおむねどのような文化にも存在するものを基本感情と呼びます。文字通り、基本的な感情です。

2歳頃になると、子どもに自己意識が備わってきます。たとえば、鏡に映った自分や写真に写った自分を自分だとわかるようになり、自分の名前を呼ぶようになります。このような自己意識が備わってくると、複雑な感情である、誇り、恥、罪悪感などが備わってきます。誇りは自分の行動に対して肯定的になることを通して生じますし、恥は、自分の行動がルールに違反し、そのことが他人にばれることによって生じます。こういう複雑な感情を、基本感情と対比して高次感情と呼びます。

高次感情は表情等をみるだけではなかなか判断できないので、サーモグラフィなどの装置を使って調べます。サーモグラフィは新型コロナウイルスによるパンデミック以降、ショッピングモールの入り口などに設置されるようになったので、皆さんもおなじみだと思います。顔の温度変化からどのような感情を抱いているか調べることができます。私たちの研究でも、5歳児が嘘《うそ》をついたことが露見する際に、鼻の温度に変化があることを示し、5歳児が恥を感じている可能性を示しています。ここでは子ども自身が感じている感情を紹介しましたが、共感や同情などの他者に向ける感情については次章で紹介します。

子どもは、自分自身の感情を発達させつつ、他人の感情を理解する能力も発達させます。次に、こちらの側面についてみていきましょう。

生後半年くらいまでには、赤ちゃんは他人の表情を区別できるようになります。基本感情である、笑顔、怒り顔、悲しみ顔、恐れ顔などの区別がついているのです。ときどき、「赤ちゃんは何もわかっていないから、赤ちゃんの前ではどんなことをしてもいい」みたいなことを言う人がいますが、そんなことはありません。自分に向けられる笑顔と怒っている顔を生まれて間もなく区別しているのです。

ただ、区別しているだけでは、感情の意味がわかっていることにはなりません。生後1年くらいまでに、赤ちゃんは表情の意味を理解してきます。たとえば、皆さんも、怒っている顔の先生がいたらその先生には近づきにくいでしょうし、笑顔の先生には話しかけやすいでしょう。赤ちゃんも同様に、怒っている人の顔には近づかず、笑顔の人には近づくことが知られています。

言葉が発達してくる3歳以降になると、笑顔と「うれしい」という言葉、泣き顔と

「悲しい」という言葉など、表情と感情の言葉を結び付けられるようになります。5、6歳頃になると、少し複雑な理解ができるようになります。たとえば、悲しいときに好きなものの写真を見ることで悲しみが和らぐなど、感情をコントロールできることがわかるようになります。

また、本当はうれしいけれど友達の前だから喜べないような状況では、うれしい顔をしないなど、感情を隠すこともできるようになります。さらに、8歳から9歳頃になると、入り交じった感情を理解できるようになります。たとえば、自転車に乗ることは、怖いけど楽しいというように、複雑な感情を理解できるようになるのです。

とはいえ、10代以前に見られる感情理解は、基本感情の理解です。10代に特有の感情理解はあるでしょうか。

Q　他人の表情くらいは小学生くらいでわかりそうな気がしますが、10代でわかるようになる表情もありますか？

青年期特有の感情理解はまだまだ研究が始まったばかりですが、非常に興味深い研究が報告されています。

10代の皆さんにとって、勉強や友達と同じくらい重大事は何でしょうか。色々とあると思いますが、その中で、恋愛というのは外せないでしょう。10代は性的志向性が自覚されるようになる時期でもあります。自分が思いを寄せる人のことを意識して、自分の外見を整えたり、内面的に成長しようとしたり、努力をすることと思います。

その中で、自分が性的に関心のある性別の人の表情について感受性が高まるという研究があります。ここでは例として、身体的にも心理的にも男性であることを自認している人で、恋愛対象が女性であるというケースを考えてみましょう。

町の中を歩いていると、とても素敵な女性がベンチに座っています。その女性の方を見ると目があって、その女性がにこりと微笑《ほほえ》みかけてきました。ここでの表情が、乳幼児でも理解できる単純な喜びの表情なのか、それとも、あなたに性的に関心があるという表情なのか。そういうことを調べるような研究です。ここでの性的に関心があるというのは、あなたに男性として興味がある、タイプだ、くらいの意味でとらえてください。

こんな状況ありえないという声が聞こえてきそうですが、国外の研究なのでそこはご勘弁を。実際の研究では、もうちょっと人工的な状況です（文献5－2）。まず、モデルとなってくれる女性を連れてきて、無表情をしてもらい、写真をとります。次に、相手に性的に関心がある顔をしてもらい、写真をとります。性的に関心がある顔は、笑顔で眉をひそめる顔だそうです。

この2枚の写真をコンピュータで合成することで、性的関心度が0％（つまり、無表情）から100％（つまり、性的に関心がある顔）まで作ることができます。70％くらいだったら性的に関心がありそうな顔で、20％では無表情に近いということです。50％はその間です。

実験では、2枚の写真をペアにして、どちらの写真がより参加者に性的に関心がありそうかを問います。最初は、0％と64％の写真がペアで出題されるので、比較的簡単です。当然、64％を選べば正解です。どんどん区別が難しくなっていき、参加者が5回間違えたらそこで実験終了です。この実験で、参加者がどれだけ表情を区別できるのかを調べます。

性的に関心がある表情に加えて、相手を侮辱するような表情も用いられています。こちらは恋愛ではなく、友達・知人同士の関係で重要です。特に、自分と仲が良くないグループや、見下しているようなグループに対して侮辱する表情が見られるようになります。こちらも、友達関係が発達するからこそ出る表情ということです。

その結果、性的な関心や侮辱のような複雑な表情を用いた場合、小学校低学年から中学年では難しいのに対して、小学校高学年から中学生にかけて、理解が向上することが示されました。特に、性成熟が進んでいるグループは、そうではないグループよりも、成績が良かったのです。

つまり、思春期に性的な関心や侮辱のような複雑な表情への感受性が高まるのです。大事な点として、どちらの表情も思春期に重要な恋愛や仲間関係にかかわるようなものだということです。

Q　こういう自分の感情や他者の感情理解が非認知能力なのですか？

この質問はごもっともです。感情とその理解は重要な要素ですが、それだけでは十分ではありません。ここで、感情にかかわる重要な非認知能力である感情知性について説明しましょう。心理学では情動知能と表現されることが多いですが、本書では感情という言葉を使っているので、感情知性と表現します。

感情知性は、非認知能力の最も代表的なものだと言えるかもしれません。第1章でも触れたように、頭の良さを示すものとして知能指数（ＩＱ）がよく知られていますが、このＩＱだけではある人の賢さのようなものをとらえきることはできませんよね。勉強はできても他人の気持ちがわからない人や他人とうまくやっていけない人は多数います。

こういう批判は、非認知能力が注目される以前から、ずっとなされてきました。ある研究者は、知能を言語・数学・身体・空間・音楽・対人関係・内省・博物のように様々な領域に分ける多重知能理論というものを提唱しています。この理論には裏づけるデータが十分ではないという問題がありましたが、ＩＱだけでは私たちの賢さをとらえられないということを主張しており、非常に大事な提案でした。そのような中で、20世紀末にかけて、感情知性というものが提唱されるようになりました。

本書において感情知性は、自分や他人の感情をわかったり、区別したりして、日々の行いに活かすような力のことを指すこととします。ここで「日々の行いに活かす」と書いていますが、この部分が重要です。感情を理解するだけではなく、それをうまく行動につなげるのです。それによって、自分や他人とつきあうことができます。

感情知性は、社会的なニーズが大きかったのでしょう、筆者が高校生のころ、ダニエル・ゴールマン氏による『ＥＱ　こころの知能指数』という本が出版され、世界各国で大ベストセラーになりました。日本でも大きな話題となりましたが、ＩＱや学力偏重の受験社会に対する人々の不満があったのだと思われます。

つまりこの感情知性は、ＩＱと異なるものとして、注目を集めました。ＩＱが学力や記憶力、情報処理能力を調べるものだとしたら、感情知性は自分や他人の気持ちを理解したり、自分や他人とうまく付き合っていく力と関連するものとして注目されたのでしょう。

Q 感情知性をイメージできません。感情をコントロールする力のことですか？

感情知性と言われても、ピンときませんよね。ここで詳しく見ていきましょう。感情知性の考え方は、研究者によって異なりますが、ここでは、最も有名なものについて紹介したいと思います。これによると、感情知性は大きく4つの側面から構成されます（文献5－3）。1つ目は感情を知覚すること、2つ目は感情を利用すること、3つ目は感情を理解すること、4つ目は感情を管理すること。それぞれ説明していきましょう。

1つ目の感情を知覚するというのは、自分の感情や他人の感情を正しく把握したり、自分の感情を他者に対して的確に表現したりする能力のことを指します。たとえば、友達の顔を見て、その友達がどのような感情であるのかを正確に把握することです。

2つ目の感情を利用することは、感情を生み出し、何らかの形で思考に役立てる能力です。たとえば、独創的なアイディアを生み出すためにはポジティブな感情が重要だとされているのですが、文化祭などの催しで何をするか考えている際に、自らの感情をポジティブにして独創的なアイディアを生み出すような力です。

3つ目の感情を理解することは、ある感情と別の感情が組み合わさったときにどのような感情が生じるのかを理解する能力や、ある感情を抱く時、その原因は何なのか、また、ある感情がどういう結果につながるかなどを推測したりする能力です。たとえば、ある友達がやることが多すぎてストレスを感じて不安になっているところに、さらに仕事を頼まれたときに、その友達がどのように感じるかを推測する能力です。

最後に、感情を管理することは、状況に応じて自分の感情をコントロールしたり、他人の感情に状況に合わせて働きかけたりする能力です。自分の感情だけであれば第2章で紹介した実行機能と類似しているのですが、他者の感情への働きかけを含む点が実行機能とは違うところです。

以上のように、感情知性は、自分や他人の感情にかかわる能力であることが見て取れます。また、単に感情を理解するだけではなく、感情を利用したり、調整したりするなど、日々の行動に活かすという点が重要なポイントになります。

Q　感情知性は実際の学校生活にどうかかわってきますか？

次に、この質問について考えてみましょう。まずは学力についてです。感情知性には色々な測定方法があるので、その方法にもよるのですが、おおむね、感情知性が高い人は、学力も高い傾向にあることが報告されています（文献5-3）。ただ、この関係は強いといえるほどではなく、むしろ、IQのほうが学力との関連は強いようです。

この理由として3点あげられています。1つは、感情知性が高い人は、不安や退屈さなど、勉強に伴うネガティブな感情を制御できることです。これ自体は実行機能や粘り強さと似たようなものかもしれません。2つ目は、こちらは次章の向社会的行動と関連するのですが、感情知性が高い人は、教師や友達、家族と良い関係を築くことができる点が挙げられています。教師や友達がどういう感情状態にいるかを察知することで、うまく勉強を教えてもらったりすることができるのです。

3点目は面白くて、感情知性が高い人は、たとえば歴史の授業などにおいて登場人物の感情や動機づけを理解できるので、学力がよくなるという点です。確かに、歴史といえど、人間の営みです。なぜ明智光秀が織田信長を裏切ったのか、徳川家康はどのような気持ちで豊臣秀吉を見ていたのか、などを理解するためには感情知性が欠かせません。歴史に限らず、国語で扱われる小説の登場人物の理解や、美術における芸術家の情熱の理解にも役に立つことでしょう。

学校生活で大事な人間関係については、いじめにかかわる研究を紹介しましょう。これは、感情知性というよりは、他者の思考や感情を理解したり共感したりする他者理解能力について調べている研究といった方がいいかもしれません。この研究では、いじめの6つの役割と他者理解能力との関係を調べました（文献5‐5）。6つとは、いじめの加害者、加害者を手伝うフォロワー（助力者）、いじめの被害者、加害者・被害者の両方経験する人、被害者を守る人、そして無関係な人です。

その結果、加害傾向がある人やフォロワー傾向が高い人は、共感する能力が低いようです。また、被害者を守る傾向がある人は、全般的に他者理解の能力が高いことも報告されています。

被害傾向がある人や両方経験する人、無関係な人は特に他者理解とは関係していませんでした。こういった結果からは、加害者側の他者理解能力に焦点をあてて、支援する必要性が感じられます。

さらに、感情知性は、幸福感や健康とも関係することが報告されています。こちらも、感情知性が高い人は他人を頼ることができるなど、自分の感情状態が良くないときに、それにうまく対処できるようです。

他にも、主に大人を対象にした研究ですが、感情知性は、リーダーシップと関係するようです。10代の皆さんで考えてみると、部活動の主将や生徒会長は、自分の感情状態を客観的に見つめる能力に加え、周りの部員や生徒の感情などに目を配って、組織をまとめ上げる必要があります。

このように、感情知性の高さが、学校生活の様々な側面とかかわっていることがおわかりいただけたかと思います。

本章のまとめと心がけてほしいこと

最後に、感情知性をどうやって高めるかについて紹介しておきましょう。学校教育の中に感情知性を高めるためのプログラムを取り入れているところもあります。ただ、プログラム自体に問題があるものや、正しく効果検証されていないにもかかわらず有用性を強調するものも少なくないので注意が必要です。

ではどういうプログラムが有効なのでしょうか。これまでの研究から、生徒に感情について考えてもらったり、振り返ったり、他の生徒とディスカッションをしてもらったりして、感情についての理解を深めるプログラムが有効であることが示されています。

色々とやり方はありますが、一例として、先に挙げた4つの感情知性の要素に対応したプログラムは次の通りです。

まず、感情を知覚することについては、訓練により自分や他人の感情を知る精度を向上させることを目的とします。具体的には、参加生徒はグループに分かれて、いくつかの写真に示された感情を同定したり、ストーリーを聞いたりして、いくつかの手掛かりから感情を知覚するように求められます。

2つ目の感情を利用することについては、感情の働きを知り、目的に応じて効果的に活用する方法を学びます。たとえば、悲しい音楽を聴いて悲しくさせたり、楽しい物語を見て楽しい気持ちにさせたりします。その後、2つのチームに分かれて議論し、感情が日常生活においていかに有用であるかを考えます。

3つ目の感情を理解することについては、複数の感情カテゴリ（例：幸せ、悲しみ）に従って、それぞれの感情にかかわる単語を表示します。生徒は、その意味に従って、単語を分類します。

4つ目の感情を管理することについては、生徒たちは、ある感情を割り当てられ、そのような感情を軽減、回避、または増大させるためにどのようなやり方が良いかを考えます。

このように、感情知性は、その性質上、自分1人で鍛えるというよりは、他者とやり取りしながら鍛えていくものが多いようです。

感情知性を高めるには2つの方向性があると主張する研究者もいます。1つは、先に述べた通り、学校教育の中でのプログラムを受講することですが、こちらは10代の皆さん自身で受けるかどうかは選べないこともあるので、難しいところです。もう1つは、第2章で紹介した実行機能を鍛えることだと提案されています。

本章でも紹介してきたように、感情知性には実行機能と類似した部分があるので、実行機能を鍛えることで自分の感情とうまくつきあえるようになるということです。

本章では、他人とつきあう力の1つである感情知性についてみてきました。感情知性には、感情を知覚すること、感情を利用すること、感情を理解すること、感情を管理することという4つの側面があり、それぞれの側面が学校生活に大事な役割を果たします。また、青年期に特有の感情知性がある可能性も紹介してきました。

次章では、他人につきあうもう1つの力として、向社会的行動について紹介します。

第6章　共感に基づく親切な行動

他人の気持ちがわかりすぎる

友達には優しくしなさい。誰に対しても親切にしなさい。いつも親はうるさいのに、知らない人には気を付けなさいともいうし、どっちなのかよくわからない。でも、友達には優しくしてあげたい。というか、優しくしないと、いつか仲間外れにされるかもしれないし。ああ、でも、たいして仲良くないのに、いつもノートを貸せとか言ってくるやつには困るなあ。

家族の手伝いをしたり、友達がお弁当を忘れたらおかずを分けてあげたり、見知らぬ人でも道に迷っていたら行き方を教えてあげたり、誰しも多かれ少なかれ、親切な行為をしたことがあるでしょう。

親切な行為のことを、心理学では向社会的行動と呼びます。もう少し厳密に定義すると、向社会的行動は、他者に利益をもたらす意図に基づく自発的行動です。ポイントは、自分のためではなく、他者に利益をもたらすということと、人にお願いされてやるのではなく、自発的にやるという点です。

本章では、このような親切な行動について見ていきたいと思います。

Q　他人の気持ちがわかりすぎてつかれてしまいます。どうしたらいいでしょうか？

10代の方を対象にしたアンケートの中で、このような記述がありました。これは、第5章で紹介した感情知性において、「友達の気持ちがわからない」という内容の記述が多数みられた点と対照的で興味深いところです。筆者としても、アンケートを取る前から、他人の気持ちがわからないという内容は予想していましたが、他人の気持ちがわかりすぎるという内容は予想していませんでした。

ただ、実はこの2つは、異なった意味での他人の気持ちの理解であり、両者の区別はとても大事なことなのです。友達の気持ちがわからないという場合は、友達の仕草や表情から、相手の気持ちを推測しようとしても、その推測がうまくいかないという意味です。友達が笑っていたので喜んでいたのだと推測していたら実は怒っていた、というような誤解をしてしまうケースです。繰り返し「推測」という言葉を使っているように、頭をフルに使って相手の気持ちを考えて理解しようというものです。自分と他人を切り離したうえで、自分とは違う相手のことを頭で考えて理解しようとすることです。

一方、他人の気持ちがわかりすぎるというのは、推測ではありません。こちらは、悲しそうな相手を見ると、自分も悲しくなってしまう、もしくは、うれしそうな相手を見ると自分もうれしくなってしまうというように、他者と同じ経験をしてしまうということです。

このように、他者と同じ経験をしてしまうことを、心理学では共感と呼びます。ここでは、前者の推測とは異なり、自分と他人の区別はありません。頭で考えて推測するのではなく、ほぼ自動的に相手の気持ちになってしまうのです。だからこそしんどくなってしまうのです。

この2つの他者の気持ちの理解は、脳の中でも別々の部位とかかわることが示されています。似ているようでまったく別の、他人の気持ちの理解なのです。

Q　向社会的行動と共感はどう結びつくのですか？

さて、共感について長々と述べてきたのは、この共感が向社会的行動をするための原動力であるためです。どういうことでしょうか。

悲しそうな友達を見かけたとします。別の友達とトラブルがあったのか、失恋したのか、テストの成績が悪かったのか、その原因はわかりません。本当に悲しいのかどうかもわかりません。でも、友達が悲しそうであれば、自分も悲しくなってしまいます。

共感した後に、向社会的行動につながる場合とつながらない場合があると考えられています。どういう違いがあるのでしょうか。

まず、向社会的行動につながらない場合を考えてみましょう（文献6-1）。いくつかのケースが考えられますが、代表的だとされるのが、共感してしまって、自分がしんどくなってしまうケースです。先のアンケートの回答と同じですね。

悲しそうな友達の様子をみると、共感して自分も悲しくなってしまいます。自分が悲しくなり、しんどくなってしまうので、相手どころではなくなってしまい、友達に対して向社会的行動ができないのです。

一方、向社会的行動につながる場合は、共感した後に、自分の感情をコントロールすることができる場合です。ここでの感情のコントロールは、第2章で紹介した実行機能です。実行機能が親切な行いと関連するのです。

自分も悲しくなってしまうものの、実行機能によってその感情をうまくコントロールすると、今度は友達に対してかわいそうだな、という感情を抱くことになります。この感情は、同情と呼ばれます。共感と同情は似ているのですが、共感はあくまで友達と同じ気持ちを自分も抱くことであるのに対して、同情は、他人に向けられた感情なのです。この同情を抱くと、他人の苦痛を取り除くために、何かできないかということになり、向社会的行動につながるのです。

Q　なぜ友達に対して親切にするんですか？

では、私たちは誰に対して向社会的行動を行うのでしょうか。右記のような質問について考えてみましょう。

他人といっても、様々な種類の他人がいます。この中で、10代の方々にとって最も基本的で大切な人間関係は、もちろん、家族や親戚などですが、最重要な関係とは言えませんよね。最も重要な人間関係は友達や恋人になってきます。

また、小学生までは、人間関係は基本的に安定しています。家族や親戚、学校の先生や友達、習い事の友達、くらいまでで人間関係は閉じることが多いでしょう。ところが、中学生くらいから、人間関係は大きく広がります。通学の範囲や習い事の範囲も広がり、家族や親戚を基本とした人間関係から、友人や先輩後輩、知り合いの知り合いなどの人間関係のネットワークが大幅に広がっていきます。

さらに、10代になると多数が持ち始めるコンピュータやスマートフォンなどによってこのネットワークは加速度的に広がっていきます。国内のみならず、国外の人々とつながるチャンスを得ることになります。

重要な点として、この人間関係のネットワークの急速な拡大には、まったく見知らぬ人との様々な出会いが含まれます。お金や薬物、性的なトラブルに発展することも少なくないので、家族からすると心配が尽きないところですが、10代の方々にとっては新しい世界への興味関心もあり、魅力的です。

つまり、10代の方々にとって、人間関係の中心が、家族から、友達や見知らぬ人に移っていくということになります。そして、こういう人々に対して、親切な行為をすることが重要になってくるのです。

ここで、友達に対してなぜ親切な行いをするのか考えてみましょう。友達は、10代の人々にとって最も長い時間をともにする相手であり、親切な行為をする対象でもあります。実際、皆さんは友達に対して、親切な行為をしたりされたりを繰り返していることでしょう。

たとえば、友人が学校に文房具を持ってくることを忘れたとします。あなたが鉛筆や消しゴムを余分に持っていれば、それらを友人に貸すでしょう。また、あなたが課外活動に行く場合に、お金を持っていくのを忘れたとします。この場合、電車賃と昼食代を友達に貸してもらうことがあるかもしれません。

このように親切な行為をしたり、されたりする中で注目するべき点は、親切な行為をする側が一時的な不利益を被るということです。たとえば、鉛筆や消しゴムを貸した後に、あなたが消しゴムをなくしてしまった場合は、あなたが困るかもしれません。また、友達がお金を貸してくれた場合、一時的にせよ、あなたの友達は、金銭的に不利益を被っています。

一時的に不利益になるにもかかわらず、あなたが友達に親切にするのはなぜか。それは、お互い様であるという点に尽きます。自分が困ったときに、相手が親切にしてくれる、助けてくれるという期待があるからこそ、相手に親切にするわけです。逆に、相手が親切にしてくれるからこそ、相手が困ったときには相手に親切にするわけです。

ある場面での自分が不利益を被る代わりに、別の場面では友達が引き受けてくれるだろうという双方向の関係があり、プラスマイナスゼロとなるのです。困ったときはお互い様なのです。

実は、友達のような存在に対して親切な行いをするのは、人間に限ったことではありません。人間以外の様々な生物が、友達のような存在に対して親切な行いをします。困ったときはお互い様というある種の保険を掛けることは、様々な生物にとって有利に働くのでしょう。

このように、10代においては家族よりも友人や恋人が重要になってくるため、友達に対して優しくなるのです。

Q　他人に親切にすると何かいいことありますか？

困ったときはお互い様というだけではなく、親切な行為をすることは、当人にとっても大きな利益になる可能性が知られています。

まず、当然と言えば当然なのですが、親切な行為を頻繁に行う人は、そうではない人よりも、人気があることが知られています。10代の皆さんが友達になりたいと思う人は、親切な人か、そうではない人かというと、やはり、前者を選びますよね。自分が困ったときに助けてくれそうな人、励ましてくれそうな人を友達として選ぶのは自然なことです。このような結果は、様々な国で報告されています。

また、親切な人は、学力が高まりやすいということも知られています（文献6－2）。一見すると、親切な行いと学力の間には関係があるようには思えません。なぜ、親切な人の学力は高まりやすいのでしょうか。

これには、2つの理由があると考えられています。1つは、親切な人は、学校や塾などにおいて、教師や講師と良好な関係を築きやすいという点です。教師や講師と良好な関係を築くことができれば、目をかけてもらい、丁寧に教えてもらえる可能性が高まります。それによって、学力も高まりやすいというわけです。

もう1つは、親切な人は、友達からも教えてもらいやすいという点です。たとえば、数学が苦手な生徒がいるとします。数学は苦手だが国語は得意なので、国語については他の友達に問題の解き方や勉強の仕方を丁寧に教えているとします。そうすると、自分の苦手な数学については、その友達や別の友達から教えてもらう機会があるかもしれません。親切な行為をすることで、他からの親切を呼びこむことができるため、その結果として学力を高めることができる可能性があるのです。

これ以外にも、親切な行為をする人は、健康的であるということも知られています。親切な行為をすると、いい気分になりますよね。こういったことを通じて心身の健康も支えてくれるというわけです。

Q 親切なことをしてあげたのに相手は優しくしてくれませんでした。

親切な行為はお互い様であり、親切な行為をすることに利益があることもわかってきました。一方で、実際の社会はそんなに単純でもありません。アンケートの中でこのような回答も見られました。

自分は友達に対して親切な行為をしてあげたのに、その相手からは親切なお返しがないというのです。

これには、いくつかのケースがあるようです。1つ目は、実は相手からすれば親切な行為のお返しをしているつもりだが、自分がそれに気づいていない、もしくは気づいていても親切な行為だと思っていないというケースです。

極端な例ですが、たとえば、自分がお昼ごはんのサンドイッチを半分あげるという親切な行為をしたお返しが、消しゴムを貸してくれたという程度のものだった場合、親切のお返しが釣り合っていないと感じているということになります。実際にこういうケースはあると思いますが、人間は自分を過大評価したり、自分の行為はよく覚えていたりする傾向にあるので、自分の親切な行為を過大評価したり、友達の行為を過小評価したりしていないかは気を付ける必要があります。

2つ目に、友達は、親切な行為を小出しにするのではなく、何かインパクトのある大きな親切をしてくれるつもりかもしれません。

ですが、本当に親切なお返しをしてくれないということも大いにありうることです。この場合、どのような反応をとるべきでしょうか。

こういうケースにおいてそれなりに有効な手段は、「目には目を、歯には歯を」という方法です。相手が親切にしてくれる場合は自分も親切にするが、相手が親切にしてくれない場合は自分も親切にしないという反応をするということになります。

子どもの発達を見ていても、このような方法の有効性が見て取れます。子どもは1、2歳頃になると親切な行いをするようになるのですが、このとき、子どもは誰に対しても親切な行いをします。子どもにとっては親切な行いをすること自体が楽しいことなので、知り合いであろうがなかろうが、相手が親切であろうがなかろうが、子どもは親切な行為をします。

ところが、3~5歳頃になると、子どもは親切にする対象を選ぶようになります。誰に対しても親切なのはとても素晴らしいことなのですが、親切な行為を搾取されてしまうケースがあります。

たとえば、自分がたくさんのシールを得たので、そのシールをA君にも、Bちゃんにも、Cさんにもあげたとします。シールの分配は立派な向社会的行動です。その後、A君はお返しに別のシールをくれ、Bちゃんは折り紙を折ってくれましたが、Cさんは何もお返しをくれませんでした。このようなケースで、次にまたシールや玩具を得たときに、A君やBちゃんに分配することはお互い様になりますが、Cさんに分配することは搾取されるだけになってしまいます。

このような状況では、3~5歳くらいの子どもであっても、Cさんのような人には分配しません。「目には目を、歯には歯を」のような戦略を、幼児であっても選択できるのです。親切な行為をしてくれない相手には、それ相応の対応が必要だと思います。

ノートを貸してと言われて困る!

Q　隣のクラスの子に授業のノートを貸してと言われます。自分にとって得はないし、できれば断りたいのですが、どうしたらいいでしょうか?

このお気持ちはよくわかります。筆者自身は字が汚く、他人が見てもわからなかったので、ノートを貸してくれと言われたことはなかったですし、授業中についつい寝てしまい、ノートを見せてもらう側だったので耳が痛い話です。他にも、たとえば、お金を貸したり漫画を貸したりしたときに、自分に得がないのに、と思ったことがあるかもしれません。

このアンケートでのポイントは、ノートを貸す相手が、「友達」ではないという点です。いわゆる知人ですね。友達というほどには近くなく、見知らぬ人というほどには遠くなく、といった関係です。

知人とまったく知らない他人の場合、どちらの方により親切にするでしょうか。これも、子どもを対象にした研究をみてみましょう。

この研究でも、子どもが、友達、友達じゃない知り合い（知人）、初めて会う人、に対して、シールをどのように分配するかを調べました（文献6－3）。具体的には、2枚のシールを分けるときに、自分がシールを2枚もらって相手が0枚の場合と、自分も相手もシールを1枚ずつ分ける場合と、どちらを選ぶかが調べられました。当然、後者の選択のほうが向社会的な選択ということになります。

感覚的には、友達に対して最も向社会的な選択をし、知人、初めて会う人、と続くような気がします。ところが、実験の結果、子どもは、友達にも、初めて会う人にも同じくらい向社会的な選択をし、知人に対して最も向社会的な選択をしないということが示されました。

友達に対して親切であるのは当然として、なぜ知人よりも初めて会う人に対して親切な行為をしたのでしょうか。これは、将来的な関係を考慮したためだと考えられます。友達は、今後も関係を続けていく可能性が高いので、友達に対して親切な行為をするのは当然です。一方、知人は、これまで交流するチャンスはあったものの、友達にまでならなかった存在です。何かきっかけがあって友達になる可能性は否定できないものの、将来的に友達になる可能性は低いと判断するのが妥当でしょう。

一方、初めて会う人は、これから友達になる可能性も、そうではない可能性もあります。そのため、最初に親切にしておくことで、将来的に仲良くなるための道筋をつけるということになります。

つまり、知らない人に対しては、まず親切にしておいて、それに対する反応を見極めることで、相手との関係を考えていくということになるのです。大人を対象にした研究でも、このようなやり方が有効であることが知られています。

ですので、知人というのは、優先度が低い相手ということになります。ただし、知人であっても、クラスの中で影響力が強い相手であった場合はむげに断るわけにもいかないかもしれないので、相手との関係をしっかりと見極めることが大事になってくるでしょう。

Q　二度と会うことがないだろう人にも親切にするのはなんでですか？

ここまでは、初めて出会う人に対してなぜ親切にするのか、説明をしてきました。これは、初めて出会うものの、今後仲良くなる可能性があるというケースでした。一方で、初めて出会って、おそらく二度と会うことがないであろうという他人に対しても私たちは親切にします。

たとえば、筆者が住む京都には、新型コロナウイルスの影響で一時的に落ち込んだもののの、日本中、世界中から観光客が訪れます。声をかけづらい風貌をしている筆者であっても、それなりの頻度で道を聞かれます。おそらく、道を聞かれた相手とは二度と会うことはないと思われますが、できる限り正確に、わかりやすく道を教えるように心がけています。

こういったことは、誰しも経験することでしょう。電車やバスで席をゆずるという場合でもそうですし、募金という行為もそうです。

ポイントは、友達の場合とは異なり、親切な行為をした相手からは、直接的にお返しがされることはない可能性が高いということです。お返しがないにもかかわらず、我々はなぜ見知らぬ人に親切にするのでしょうか。

これにはいくつかの可能性が指摘されています。先に述べたように、親切な行為をすることでいい気分になるという点も挙げられますし、相手がかわいそうだという点もあります。

その中でも、一つ有力だと考えられているのが、間接的なお返しがあるということです。友達に親切にして、その友達から親切なお返しがあることを直接的なお返しがあるとすると、間接的なお返しとは、自分がある人にした親切な行為が、その人からは返ってこないものの、回りまわって別のところからお返しが返ってくるということです。

道を教える例では、道を教えた相手から筆者に直接的なお返しはなくても、たとえばその方がインスタグラムやＴｉｋＴｏｋに京都は素晴らしいという発信をしてくれるかもしれません。それによって、京都に観光客が増えて、税収が厳しい京都市を支えることになり、筆者にも間接的な恩恵があるかもしれません。もちろん、そんなことを考えて道を教えているわけではありませんが……。

ここで重要なのは、評判をあげてくれる（かもしれない）ということです。人間にとって、評判というのは非常に重要です。特に、学校のような閉じた社会では、評判を気にすることになるでしょう。評判を上げるのは容易ではありませんが、下げるのは簡単です。特に、悪い噂《うわさ》というのはあっという間に広がってしまい、評判を落としてしまいますよね。

事実、私たちは誰かに見られている場合に、見られていない場合よりも、親切な行為をしやすいということが知られています。コンビニエンスストアの募金箱も、店員さんから見えるところに置かれてあります。親切な行いが誰かにみられていると、その人の評判が高まります。評判がいい人は、別の誰かから親切な行いを受けやすくなります。

逆に、不親切な行いを誰かにみられていると、評判が下がってしまいます。評判の悪い人には誰も近づかなくなってしまい、親切な行いを受けにくくなってしまいます。

Q　10代になると、色々と考えてしまって（偽善って言われたりするし）、子どものころのように素直に親切にできなくなりました。これってておかしいですか？

ここまで、友達、知人、見知らぬ人に対してなぜ親切な行為をするのかについて述べてきました。では、10代という時期は、向社会的行動の発達においてどのような時期なのでしょうか。

まず、先にも述べたように、幼児期頃から向社会的行動をするようになるのですが、その後、小学生の間は、親切な行為をする回数は全体的に増えていきます。家族に加えて、先生やクラスメートといる時間は増えていくので、親切な行為をする回数が増えていくことはそれほど不思議なことではありません。

友達に対する親切な行為は、幼児期くらいにみられるようになりますが、評判を気にするようになるのは、小学校に入ってからです。つまり、誰かに見られているからとか、これをやったら評判が上がる（もしくは下がる）という理由で、向社会的行動をしたり、反社会的な行動をやめたりするのは、小学校の中学年あたりからになってからです。

10代になると、一時的に、向社会的な行動をする回数が減ります（文献6－4）。これは、日本のみならず、諸外国でもあてはまるようです。実行機能のところでも述べたように、10代という時期は脳の再編成の時期ですし、誰しも悪ぶったり、社会のルールを窮屈に感じたりするようになる時期なので、これは致し方ない部分もあるかもしれません。

その中で、家族、友達、見知らぬ人に対する向社会的行動が10代でどのように変化するかを調べた研究があります。

その研究では、小学校高学年から中学生になるまでの間に、向社会的行動は全体的に減少することが示されています。この時期は大きな変化を感じる時期です。比較的自由であった小学校から、制服や校則などのルールに縛られるようになり、戸惑いを感じるのかもしれません。また、思春期に入り、心身の大きな変化を経験する時期でもあります。その後、中学校生活も後半になると落ち着いてきて、向社会的行動も増加に転じるようです。

対象別にみてみると、家族に対する向社会的行動は減少し、友達や見知らぬ人に対する向社会的行動は増加することが示されています。家族に対する向社会的行動は小学校高学年頃から減少し、中学3年生になっても減少したままのようです。子どもを持つ保護者としてはなかなか寂しいところではありますが、家族から自立し、口うるさい家族との衝突も増えてくるのかもしれません。

友達や見知らぬ人に対しては、中学校に入るタイミングで一時的に減少するものの、中学校3年生までに増加に転じるようです。やはり、家族よりも友達が大事になってくるのでしょう。また、見知らぬ人との出会いが増えてくるこのタイミングで、見知らぬ人に対しても親切にするようになるのかもしれません。

ですので、10代になって以前ほど素直に向社会的行動ができなくても仕方がないということになると思います。

Q　なぜ親切な人とそうではない人がいるのでしょうか?

ここまで述べてきたように、向社会的行動をすることには様々な利益がありますが、皆さんの周りには、親切な人もいればそうではない人もいると思います。なぜ、このような個人差が生じるのでしょうか。最後に、この点を考えてみたいと思います。

まず、向社会的行動に影響を与えるのは、やはり、家庭の環境です。親と子の情愛的な絆《きずな》のことを、心理学ではアタッチメントといいますが、このアタッチメントが幼少期からしっかりと形成されている場合、その子どもは向社会的行動をとりやすいことが知られています。逆に言えば、親子関係がしっかりと形成されていない場合、向社会的行動をとりにくいのです。

ここで注意が必要なのが、子どもがアタッチメントを形成する相手は親である必要はないという点です。祖父母でもいいですし、親戚でも構いません。子どもにしっかりとかかわって、愛情を注げる人であれば、アタッチメントを形成することは可能です。親を含めた、子どものお世話をする主たる人のことを養育者といいます。

多くの場合、養育者は子どもにとって初めての他人です。他人のモデルとなるのです。子どもは、養育者との接し方に基づいて、養育者以外の他人と接するようになります。

養育者とアタッチメントをしっかりと形成できる場合というのは、養育者が子どもに優しく接している場合です。そのため、子どもは、他人は、自分に親切にしてくれる存在だと思うようになり、自分も親切にするようになります。逆に、養育者とのアタッチメント形成が不十分だと、養育者は子どもに対して親切ではない場合も多く、その結果として子どもは他人に親切にすることが難しくなります。

また、養育者やきょうだいの様子を見ることで、向社会的行動を学ぶことができます。養育者が他人に親切にすることを観察し、その結果として感謝される様子を見ると、子どもは自分も親切な行為をするようになります。また、きょうだいの場合はより自分に近いので、きょうだいからの影響も強いことが知られています。

友達や先生との関係も重要です。先にも述べたように、親切な人は、友達に人気があります。その結果として、親切な人は、友達として親切な人を選びあうようになります。その結果、親切の連鎖がおき、親切な人はより親切になっていきます。一方、親切ではない人は、親切ではない人同士でつきあうようになり、なかなか親切な行為が育まれません。

先生との関係については、信頼できる先生との出会いが大事なようです。特に、なかなか向社会的行動ができない子どもが、信頼できる先生との出会いによって、向社会的行動ができるようになるという報告があります（文献6－5）。養育者とのアタッチメントが形成できず、信頼できる大人がいない子どもにとって、信頼できる大人との出会いが大事なようです。

本章のまとめと心がけてほしいこと

最後に、向社会的行動を自分でどうやったら伸ばせるかについて紹介しましょう。第2章でもお話ししたように、向社会的行動は実行機能と関連するので、実行機能を鍛えるということが1つのやり方です。

それ以外のやり方については、この分野で長年研究されている櫻井茂男先生の『思いやりの力』（新曜社）から抜粋しながら紹介しましょう。

まず、向社会的行動の基本になる共感については、「愛する人もしくは信頼する人をつくる」「幸福感や自己肯定感、有能感を持つ」「自分に優しくする」などのようなやり方で伸ばせる可能性があります。

筆者の前著『子どもの発達格差　将来を左右する要因は何か』（PHP新書）でも詳しく書いたのですが、向社会的行動や共感は、安定した親子関係を築いたり、他人を信頼したりすることによって可能になります。家族や友人、恋人、教師や指導者などと良い関係を築いてください。

ただ、そもそも、他人との関係を築くことが難しいですよね。そういう方は、自分を褒めたり、自分に優しくしたりして、自分に自信があったり、余裕があったりすれば、他人にも優しくできるようです。この意味で、第4章の自己効力感と向社会的行動は関係してきます。それ以外にも、他人の感情や視点に立つということも大事だとされています。

以上は共感を育む方法ですが、向社会的行動そのものについては、他人に感謝することによって育まれる可能性があります。他人に感謝できれば、今度は自分が報いる番だということになり、他人に親切にできるようになることが報告されています。先述の「困ったときはお互い様」を応用するようなやり方ですね。より詳細については櫻井先生の著書をご覧ください。

あとは、自分のモデルとなるような人を見つけて、その人の真似をすることも効果的です。それは家族でもいいですし、友人でもいいですし、ＹｏｕＴｕｂｅｒでも構いません。悪い行動ではなく、親切な行動を真似するように心がけてみてください。

本章では、他人とつきあう力の1つである向社会的行動についてみてきました。向社会的行動は共感によって生み出されること、誰に対して親切にするかによって異なること、向社会的行動も自分で育てられる可能性についてみてきました。

最終章となる次章では、これまでの内容をまとめたいと思います。

第7章　10代のための非認知能力

改めて、非認知能力とは？

第1章から第6章までで、10代に必要だと考えられる非認知能力について説明してきました。最終章となる本章では、まず、それらの内容をまとめてみたいと思います。

また、ここまでで挙げた以外にも、筆者が重要だと考えているいくつかの能力があるので、そちらについても触れておきたいと思います。これらの能力については、筆者の個人的な意見も含まれるので、その点を留意しながら読んでいただければと思います。

Q　非認知能力について簡潔にまとめてください。

第2章から第6章までは様々な能力について説明してきたので、少し混乱してきたかもしれません。改めて非認知能力について振り返っておきましょう。

非認知能力は、知能指数に代表される認知能力以外で、学校生活や社会生活に重要だと考えられる能力でした。これらの能力を10代の間にしっかりと伸ばすことで、10代もしくは将来の幸福な人生につながる可能性があります。

具体的に、本書では、大きく3種類の能力について紹介しました。まず、目標を達成する力です。誘惑や困難を経験した場合に、それらにめげずに目標を達成するために必要な力のことでした。本書では、特に、実行機能（自制心）と粘り強さについて説明してきました。これらの2つの力は、似ている部分もありますが、目標のレベル（長期的な目標か、日常的な目標か）などにおいて異なることを紹介してきました。

2つ目は、自分に向き合う力です。これは、自分に自信を持ったり、自分を好きになったりする力です。本書では特に、ある課題についての自信を持つことを指す自己効力感について紹介しています。自己効力感と自尊心の違いについても説明しました。

3つ目は、他人とつきあう力です。他人と良い関係を築くのは容易なことではありませんが、ある程度折り合いをつけることは大事なことです。本書では、感情知性や向社会的行動について詳しく解説してきました。

これらの3つの力は、10代で直面する問題に対して、とても大事な役割を果たします。

それらの問題の1つは、10代は衝動的になりやすいということです。じっくり考える前に何かに飛びついてしまったり、自分にとって楽な選択肢や短期的に魅力的な選択肢ばかり選びがちになったりしてしまいます。この問題に対して、目標を達成する力を持つことによって、対応することができます。

2つ目は、自分について考えるということです。本書では、この問題について、自分に向き合う力が関連することを紹介しました。

3つ目の問題は、他者のシグナルに反応しすぎてしまうという問題です。友達の言葉、恋人の仕草など、他人が出す様々なシグナルに対して敏感になりすぎてしまいがちです。他人の気持ちがわからなかったり、逆に他人の気持ちがわかりすぎたりして自分が苦しくなってしまう、そういう機会が増えるのです。この問題に対して、他者とつきあう力が重要な役割を発揮します。

Q　非認知能力はそれぞれ別々のものなのですか？

第2章から第6章まで、非認知能力に含まれる能力を別々に紹介してきました。そのため、別々の能力という印象を与えてしまったかもしれません。

ですが、本書で紹介してきた能力は、いずれも、自分自身、もしくは、自分と他人の関係にかかわるような能力です。実行機能や粘り強さは、自分の目標を達成するために自分をコントロールするような力です。自己効力感は、自分に対して自信を持ったり、自分を評価したりするような側面が含まれます。また、感情知性は、自分や他人の感情を把握したり、行動に活かしたりするような能力です。最後の向社会的行動は、他人に共感して親切な行動をしたり、ときに自分よりも他人を優先させたりするような能力です。これらがすべて関係ないと考えるほうが不自然な気がしてきますよね。

実際、実行機能は、本書で触れた多くの非認知能力と関係していることが知られています。同じ目標を達成するために必要なスキルである粘り強さと関係することはもちろんのこと、向社会的行動とそれなりに関係することを示す研究も少なくありませんし、第5章で述べたように感情知性を鍛えるために実行機能を鍛えるのが良いという提案もなされています。また、感情知性と向社会的行動にも関係があるようです。

つまり、非認知能力を大きく3種類に分けたときに、目標を達成する力や他人とつきあう力など、それぞれの中では関係があると言えそうです。さらに、実行機能は様々な能力と関連するということも言えそうであり、非認知能力の中でも重要な役割を果たしているのかもしれません。

ただ、実際の研究においては、たとえば実行機能と粘り強さを測定する質問の内容が類似しているなど、測定方法自体が類似している場合もあるので、関係するのが当たり前だという側面もあります。この点は少し割り引いて考えていただければと思います。

紹介した以外の非認知能力

Q　非認知能力は本書で紹介した以外にもあるのですか？

皆さんが本書を読むことを通して非認知能力という言葉に関心を持っていただいたら、

今後この言葉に敏感になると思います。実は、本書を読む以前にも非認知能力という言葉は皆さんの周りにあるのですが、本書を読んだことで、その言葉が自分の身の回りにあることに気づきやすくなるのです。その際の注意点について述べておきましょう。

本書で述べた以外にも、非認知能力に含まれるとされる能力は様々にあります。その代表的なものが、パーソナリティです。パーソナリティとは、いわゆる性格のことであり、心理学でも最も研究が盛んな分野の1つです。有名なパーソナリティ検査では、パーソナリティを誠実性や外向性などのいくつかの側面で評価します。このようなパーソナリティも、学力や将来の職業などと関連することが報告されており、多数の研究結果が報告されています。

本書の中でも、第3章の粘り強さは誠実さと関連が深いことは述べましたし、第4章の自己効力感もパーソナリティと無縁のものではありません。

ただ、本書で積極的にパーソナリティを扱わなかったのは、パーソナリティというものを「能力」と呼んでよいかどうか、筆者の中では葛藤があるためです。能力とは、ある行動に関する最大値のようなものを指し、一般的には、高いほうが望ましいとされます。一方、パーソナリティは、たとえば外向性が高いのは望ましいような気もしますが、かといって内向的な人が望ましくないかというと、そういうわけでもありません。そういう事情もあり、本書ではパーソナリティは扱っていませんが、パーソナリティのいくつかの側面も皆さんの現在や将来に大事だということは伝えておきたいと思います。

さらなる学びとして、非認知能力については、以下のような報告書や書籍がおすすめです。

○『非認知的（社会情緒的）能力の発達と科学的検討手法についての研究に関する調査報告書』（平成27年度プロジェクト研究報告書）（オンラインで入手可）
○『非認知能力：概念・測定と教育の可能性』（北大路書房）

一方で、世の中には、まったく科学的根拠がないにもかかわらず、現在の非認知能力の流行に乗じて、怪しげな能力が大事だと主張する人もいるので、これには注意が必要です。

第1章でも述べたように、本書では、非認知能力の中でも、比較的信頼できる研究結果が多いものを扱ってきました。そのような能力であっても、それぞれの章の中でも述べたように、これらの能力が大事だという証拠がある一方で、そうではないという研究結果もあります。

怪しげな能力が大事だと主張する人は、そういう次元ではありません。1つや2つの事例を紹介しながらこの能力が大事だとか、この教育法で非認知能力が育めるとか、言っているわけです。もちろん、あくまで研究結果が十分ではないだけで、今後信頼できる研究結果は増えていく可能性もありますが、現在の非認知能力の流行の中では気を付けてほしいと思っています。

皆さんには本書の内容もすべて真に受けるのではなく、批判的な目をもって読んでほしいところです。これはどのような読書や動画視聴にでも当てはまることです。

非認知能力以外の力

Q 非認知能力以外で大事な能力はありますか？

本書では非認知能力の大事さを一貫して述べてきたわけですが、もちろん、非認知能力「だけ」が大事だということを言いたいわけではありません。そもそも、知能指数のような認知能力が重要であることは疑いようもありません。また、認知能力には知能指数以外にも創造性や計画能力など様々に重要な能力があり、このような認知能力が大事であることは認めた上で、それ以外の能力で大事なものとして非認知能力が注目されているという点は改めて述べておきたいと思います。

非認知能力以外で、筆者が個人的に10代で身につけることが重要だと考える3つの力について触れておきましょう。これらについては研究が十分に進んでいるわけではないのですが、今後ますます重要になってくるものの、公的に学ぶ機会はまだまだ少なく、身につけている人とそうではない人との格差が出てくる可能性が否定できないものです。

ここで触れておきたい10代で培ってほしい力は、金融リテラシー、性に関する知識、そして、ＡＩなどの情報技術を使いこなす能力です。

まず、金融リテラシーについてみていきましょう。近年、家庭科の授業などで金融教育が含まれるようになり、皆さんも金融リテラシーにはなじみがあるようになってきたと思います。金融リテラシーという言葉はかなり色々な意味が含まれるのですが、ここでは、大雑把に、資産・経済に関する知識や意思決定能力という意味で使っています。

皆さんの親や祖父母の世代は、ほぼまともな金融教育を受けていません。筆者自身、まともな金融教育は受けていません。そのため、同世代のとても優秀な研究者であっても、金融や資産運用について的外れなことを言うことは決して珍しいことではありません。

そもそも、わが国では、お金について話すことがタブー視される風潮があります。「お金は汚い」「お金持ちは悪いことをやっている」「株式のような楽な稼ぎ方をしてもお金は貯まらない」みたいなことを、周りの人から聞いたことはないでしょうか。

第2章でもふれたように、皆さんの親の世代は金融教育を受けていない人が多いので、資産運用でリスクを取ることが怖く、貯金を選択するというリスク回避をするか、もしくは逆に、退職金等で入ったお金を怪しげな投資に回すなどの過剰なリスクを取るか、極端な選択を取ってしまいがちです。

金融リテラシーは、皆さんが大人になって、お金を稼ぐようになってから、どういう人生を選択するかという点に大きくかかわってきます。その意味で、金融リテラシーを10代で身につけ、お金にまつわるリスクを知り、少し失敗するくらいがちょうどいいのかもしれません。以下のような書籍はおすすめです。

○『改訂版 金持ち父さん 貧乏父さん：アメリカの金持ちが教えてくれるお金の哲学』（筑摩書房）

○『本当の自由を手に入れる お金の大学』（朝日新聞出版）

また、2つ目の性に関する知識は、生物学的な意味での女性や男性の体や心に関する知識、性行為や避妊に関する知識、LGBTQ＋に関する知識など、皆さんにとっても関心が高く、また、重要な内容を含みます。そして、誤った情報が伝わりがちです。

わが国の性教育は、他の先進諸国に比べて、著しく遅れています。性教育の内容は、私が10代だったころと比べても進展しておらず、皆さんが公的に学ぶ機会は多くはありません。その結果として、友達からの噂《うわさ》やYouTubeなどのコンテンツ、おそらくこれからはAIなどの情報を頼りにすることになりますが、この中には多くの嘘《うそ》や誤りが含まれています。

個人的な経験を振り返ってみても、中学や高校の友達や先輩から、滑稽とも思えるほど間違った「性教育」を受けていました。こちらとしては知識もなければ批判的に考える力もないので、真に受けて、間違えすぎた知識を持っていたことになります。しかし、たとえば性行為や避妊に関する誤った知識は、望まない妊娠などを通してその後の人生選択に深刻な影響を及ぼしかねません。しっかりと正しい知識を学んでほしいと思います。こちらは、以下のような書籍がおすすめです。

○『おうち性教育はじめます 思春期と家族編』（KADOKAWA）

最後の、情報技術に関する知識は言うまでもありませんよね。スマートフォンやコンピュータに関する知識やプログラミング技術はもちろんのこと、本書執筆時点で広がりつつある生成AIなど、今後も情報技術は拡大を続けていくことは間違いありません。

その中で、こういう情報技術を使いこなせる人と、そうではない人では、将来的に大きな違いが出てくると考えられています。現在でも、給与面では、一部のテクノロジー企業の給与水準は、他の業種と比べて高いことが知られています。

第4章でふれたようにコンピューターに関する自己効力感には性差があるようで、コンピュータや情報技術に苦手意識を持つ方もいらっしゃるでしょう。ですが、今後の世界には間違いなく必要となってくると考えられます。

こちらは進歩が著しく速いので、本などでは知識が追い付かない可能性が高いと思われます。ＳＮＳやＹｏｕＴｕｂｅなどを通じて知識を更新していくしかないでしょう。

皆さんにお伝えしたいこと

さて、本書も最後が近づいてきました。非認知能力に含まれる様々な能力や、それ以外の能力が大事であるということを述べてきました。ですが、皆さんは、おそらく、あれもこれも大事だというけど、そんなに色々言われても無理だと思われたのではないでしょうか。おそらく、筆者が10代のときに本書を読んだところで、同じような感想を抱いたでしょう。

もちろん、本書で述べたようなすべての力に目を配り、伸ばす必要はありません。勉強や部活、遊びなどでとても忙しい皆さんが、毎日の生活を懸命に生きるだけでも、これらの能力のいくつかは自然と育まれることでしょう。

ただ、毎日の生活の中で悩んだり、困ったりした際に、本書で紹介した能力のどれか1つでも気になるものが見つかれば、その能力について考えてみて、必要があればその能力を伸ばしてみようというきっかけになれば筆者としてはうれしいです。

10代は、一生の中でも、印象深く、彩《いろどり》に満ちた、二度と戻ってこないかけがえのない時期です。この時期を皆さんが楽しみながら、苦しみながら、自分を形成していくことを、切に願っています。

おわりに

本書は、筆者にとって、「非認知能力」に関して書いた3冊目の本です。これまでの本は、保護者や教師、保育士などの、子どもにかかわる大人を対象としてきました。ですが、「はじめに」にも述べたように、それでは間接的にしか伝えることができないと考え、本書は10代の方々を対象にして書きました。

内容的には難しいものも含んでいると思いますが、できる限り専門用語を減らし、質問に答える形式で読みやすいものを目指しました。皆さんが持つ疑問に一部でも答えられていれば、筆者としては幸いです。

自分が10代のころを思い返してみると、本書で扱ったような能力のうち、粘り強さはそれなりにあったように思いますが、感情知性は著しく低く、実行機能や向社会的行動もいまいちだったように思います。

それでも、40代半ばに差し掛かってもそれなりに楽しく生きています。すべての非認知能力が高い必要はなく、凸凹があって当然だと思います。あまり深刻に考えず、お読みいただければと思います。

本文でもふれたように「非認知能力」については疑似科学的に使われることも少なくなく、批判的な心理学者や認知科学者が多いのが現状です。筆者はあえて「非認知能力」という言葉を使うことで関心を持ってもらい、その中で「非認知能力」について読者の方や聴衆の方に注意深く考えてもらうようにお願いしています。そのほうが社会に届くと思うためです。

本書を書く上で、多くの中高生の方にアンケート調査をさせてもらい、その回答を使わせていただいています。アンケートの結果をそのまま使うには憚《はばか》られるものも多かったので、一部加工して使わせていただきました。本当にありがとうございました。

本書の一部は、関連する研究をしている先生方から貴重なコメントをいただき、それに基づき修正しています。草稿にコメントをいただいた先生方に御礼申し上げます。

ちくまプリマー新書編集部の甲斐いづみ様には、本書執筆に際してお声がけいただき、中高生へのアンケートを実施していただくなど、大変お世話になりました。おかげさまで、自分がイメージしていたようなものを書くことができました。ここに厚く御礼申し上げます。

最後に、筆者が非認知能力についてかかわるようになったのは、妻の研究がきっかけでした。また、娘とのやり取りを通じて、自分自身の非認知能力を見直すきっかけになっています。このようなきっかけをくれる家族に感謝します。

緑がまぶしい初夏の京都から

森口佑介

参考文献

第2章

2－1 森口佑介．(2019)．『自分をコントロールする力 非認知スキルの心理学』 講談社

2－2 Diamond, A. (2013). Executive functions. *Annual review of psychology*, 64, 135-168.

2－3 Zelazo, P. D., Müller, U., Frye, D., Marcovitch, S., Argitis, G., Boseovski, J., ... & Carlson, S. M. (2003). The development of executive function in early childhood. Monographs of the society for research in child development, i-151.

2－4 Moffitt, T. E., Arseneault, L., Belsky, D., Dickson, N., Hancox, R. J., Harrington, H., ... & Caspi, A. (2011). A gradient of childhood self-control predicts health, wealth, and public safety. *Proceedings of the national Academy of Sciences*, 108 (7), 2693-2698.

2－5 Ishihara, T., Sugasawa, S., Matsuda, Y., & Mizuno, M. (2018). Relationship between sports experience and executive function in 6–12 –year–old children: independence from physical fitness and moderation by gender. *Developmental science*, 21 (3), e12555.

第3章

3－1 竹橋洋毅・樋口収・尾崎由佳・渡辺匠・豊沢純子．(2019)．日本語版グリット尺度の作成および信頼性・妥当性の検討．心理学研究，89, 580–590.

3－2 Credé, M., Tynan, M. C., & Harms, P. D. (2017). Much ado about grit: A meta-analytic synthesis of the grit literature. *Journal of Personality and social Psychology*, 113 (3), 492.

3－3 Lam, K. K. L., & Zhou, M. (2019). Examining the relationship between grit and academic achievement within K–12 and higher education: A systematic review. *Psychology in the Schools, 56* (10), 1654-1686.
3－4 Lucca, K., Horton, R., & Sommerville, J. A. (2019). Keep trying! : Parental language predicts infants' persistence. *Cognition,* 193, 104025.
3－5 Yeager, D. S., Hanselman, P., Walton, G. M., Murray, J. S., Crosnoe, R., Muller, C., ... & Dweck, C. S. (2019). A national experiment reveals where a growth mindset improves achievement. *Nature*, 573 (7774), 364-369.

第4章

4－1 Bandura, A. (1997). Self-efficacy: The exercise of control. New York: Freeman
4－2 Huang, C. (2013). Gender differences in academic self-efficacy: A meta-analysis. *European journal of psychology of education, 28,* 1-35.
4－3 Talsma, K., Schüz, B., Schwarzer, R., & Norris, K. (2018). I believe, therefore I achieve (and vice versa): A meta-analytic cross-lagged panel analysis of self-efficacy and academic performance. *Learning and Individual Differences, 61,* 136-150.
4－4 河津慶太・杉山佳生・中須賀巧．(2012). スポーツチームにおける集団効力感とチームパフォーマンスの関係の種目間検討．スポーツ心理学研究, 39 (2), 153-167.
4－5 Panadero, E., Jonsson, A., & Botella, J. (2017). Effects of self-assessment on self-regulated learning and self-efficacy: Four meta-analyses. *Educational Research Review*, 22, 74-98.

第5章

5－1 Blakemore, S. J., & Mills, K. L. (2014). Is adolescence a sensitive period for sociocultural processing?. *Annual review of psychology*, 65, 187-207.

5－2 Motta–Mena, N. V., & Scherf, K. S. (2017). Pubertal development shapes perception of complex facial expressions. *Developmental science*, 20 (4), e12451.

5－3 Mayer, J. D., Caruso, D. R., & Salovey, P. (2016). The ability model of emotional intelligence:Principles and updates. *Emotion review, 8* (4), 290-300.

5－4 MacCann, C., Jiang, Y., Brown, L. E., Double, K. S., Bucich, M., & Minbashian, A. (2020).Emotional intelligence predicts academic performance: A meta-analysis. *Psychologicalbulletin, 146* (2), 150.

5－5 Imuta, K., Song, S., Henry, J. D., Ruffman, T., Peterson, C., & Slaughter, V. (2022). A meta-analytic review on the social–emotional intelligence correlates of the six bullying roles:Bullies, followers, victims, bully-victims, defenders, and outsiders. *Psychological Bulletin*, 148 (3-4), 199.

第6章

6－1 Eisenberg, N., Fabes, R. A., & Spinrad, T. L. (2006). Prosocial Development. In N. Eisenberg, W. Damon., & R. M. Lerner (Eds.), Handbook of child psychology: Social, emotional, and personality development (pp. 646–718). John Wiley & Sons, Inc..

6－2 Collie, R. J., Martin, A. J., Roberts, C. L., & Nassar, N. (2018). The roles of anxious and prosocial behavior in early academic performance: A population-based study examining unique and moderated

effects. Learning and Individual Differences, 62, 141-152.
6－3 Kumaki, Y., Moriguchi, Y., & Myowa-Yamakoshi, M.（2018）. Expectations about recipients' prosociality and mental time travel relate to resource allocation in preschoolers. Journal of experimental child psychology, 167, 278-294.
6－4 西村多久磨，村上達也，＆櫻井茂男．（2018）．向社会性のバウンスバック――児童期中期から青年期前期を対象として――．心理学研究，89（4），345-355.
6－5 Flynn, E., Ehrenreich, S. E., Beron, K. J., & Underwood, M. K.（2015）. Prosocial behavior: Long-term trajectories and psychosocial outcomes. *Social Development*, 24,462– 482.

ちくまプリマー新書

chikuma primer shinsho

ちくまプリマー新書433

10代《だい》の脳《のう》とうまくつきあう　非認知能力《ひにんちのうりょく》の大事《だいじ》な役割《やくわり》

二〇二三年八月十日　初版第一刷発行
二〇二四年七月十五日　初版第二刷発行

著者　森口佑介（もりぐち・ゆうすけ）

装幀　クラフト・エヴィング商會

発行者　増田健史

発行所　株式会社筑摩書房
東京都台東区蔵前二-五-三　〒一一一-八七五五
電話番号　〇三-五六八七-二六〇一（代表）

印刷・製本　中央精版印刷株式会社

ISBN978-4-480-68458-5 C0211 Printed in Japan